RON KALENUIK

Libro de Recetas Originales de Pizza y Pasta

SIMPLY DELICIOUS
COOKING SERIES™

MAGNANIMITY
HOUSE PUBLISHING

Créditos

Coordinadora de Proyectos :	Dianna Kalenuik
Editora :	Sharon Antoniuk
Coordinador de Cocina :	Chef Ron Kalenuik
Asistentes de Cocina :	Pamela Kalenuik
	Timothy Kalenuik
	Jennifer Kalenuik
	Ruth Maier
Dirección Artística :	Sylvia Cook
Fotografía :	V.E.T. Marketing
Diseño / Gráficos / Pre-Impresión :	Sako Graphics
	Resource Centre Inc.

MAGNANIMITY
HOUSE PUBLISHING

© Magnanimity House Publishers
Box 97509
Highland Creek, P.O.
Scarborough, ON. Canadá, M1C 4Z1
Teléfono 416-724-7287
Fax 416-724-7857

Este libro es una Edición Exclusiva para

250 Granton Dr.
Richmond Hill ON. L4B 1H7
714-587-9207
Impreso en los Estados Unidos de América

IMPORTADOR POR:
GRUPO MERYDEM S.A. DE C.V.
Calz. De Los Fresnos, #70
CD. Granja, Zapopan, Jalisco
R.F.C. GME961023M91

EXPORTADO POR:
DS-MAX U.S.A. #16-1241510
IRVINE, CA 92718

IMPORTADOR EN ARGENTINA
DICSUR S.A.
AV. CRAMER 3226
(CP 1429) BUENOS AIRES

Contenido

Pizza 4

Pasta 60

Pizza

Tome un pedazo de pan de molde, póngale encima un poco de salsa y unos cuantos otros ingredientes desde carne a queso, y verá como todo el mundo se entusiasma. Esa es la historia y la reputación de la pizza.

En Francia la llaman pissaladière, en el Medio Oriente es pita, en México es una tortilla cubierta con grandes delicias. En esencia, la pizza no es nada más que un sandwich horneado de una sola capa. ¡Pero qué sandwich!

Se cree que la pizza es una invención culinaria de Nápoles, Italia (la cuna de esa otra comida popular italiana, los espaguetis). Primero se le llamó Pizze Napoletana Verace, (o sea Verdadera Pizza Napolitana) y originalmente consistía de una base pan de molde cubierto con tomate, ajo, aceite de oliva y orégano, cocidos en un horno caliente y s vendía en la calle. La adición de queso vino algún tiempo después y con esto vino la primera revolu culinaria. Al poco tiempo, no importaba que ingrediente, se le tenía que poner a la pizza, y un estaba rumbo al éxito. La pizza ha alimentado a l pobres (como es la gente que vive en las calles d Italia), y también deleitado a los ricos (como en e caso de Spago, el restaurante de las estrellas del Wolfgang Puck).

cosa es cierta, con pizza incluso una comida
rmal será siempre disfrutada, excitante y barata.
pizza se ha convertido en la comida que unifica
a siempre a los amigos. Como la comida más
ular en el mundo, en cada país se disfruta de
aradería e íntima compañía alrededor de pizza, la
ida que ha tenido más influencia en todas partes.

pizzas pueden venir disfrazadas como calzone o
zarotti (una clase de pastel volteado) o un pastel
orteza doble con todo el relleno adentro. En las
inas de este capítulo usted encontrará una
cción de pizzas que deleitarán a sus amigos y
liares por muchos años en el futuro. Cada una es

una creación original deliciosa; esto es exactamente
lo que sus invitados van a experimentar cuando la
prueben por primera vez, delicia total, acompañada
por la solicitud de ¡más pizza por favor!

Podrá probar delicias tales como la Pizza de las Islas
Griegas, o el Calzone de Pollo y Papas o algo
intrigante como la Pizza Jamaiquina de Pollo.
También podrá servirle a sus amigos pizzas de postre
o crear sus propias pizzas. Todas las recetas básicas
para las pizzas creativas se encuentran en estas
páginas. El resultado de su fiesta será invitados
satisfechos y contentos, que le pedirán con
insistencia sus recetas.

Pizza Milanesa

Ingredientes:

1 lb	454 g	Masa Básica de Pizza comercial o 1 tanto de nuestra receta
1 taza	250 ml	Salsa de Pizza (vea la página 14)
1 lb	454 g	salchicha italiana picante, picada y cocida
12 oz	340 g	queso Mozzarella en cubitos
1½ taza	255 g	pimientos dulces rojos, asados, en rodajas
1½ taza	375 ml	cebolla Vidalia en rodajas

Preparación:

Prepare la masa de acuerdo a las instrucciones. Póngale la salsa a la pizza y cúbrala con la salchicha.

Salpíquela con el queso, póngale encima los pimientos rojos y las cebollas.

Ponga la pizza en un horno precalentado a 450° F (230°C), por 10-12 minutos o hasta que esté bien dorada.

PRODUCE dos pizzas de 12" (30 cm).

Masa Básica de Pizza

Ingredientes:

1 cdta	5 ml	azúcar granulada
1 taza	250 ml	agua tibia
1 cda	8 g	(sobre) de levadura seca activa
2 cdas	30 ml	mantequilla, derretida, fría
3½ tazas	525 g	harina de todo uso
⅛ cdta	pizca	sal

Preparación:

En un tazón grande, disuelva el azúcar en el agua tibia. Espolvoree con la levadura y déjela reposar por 10 minutes o hasta que esté espumosa. Incorpore la mantequilla.

Incorpore la mitad de la harina y una pizca de sal en la mezcla de la levadura. Gradualmente incorpore la harina suficiente para hacer una pelota un poco pegajosa.

Amase la mezcla en una superficie ligeramente enharinada hasta que esté fina, uniforme y elástica, unos 5 minutos.

Ponga la masa en un tazón engrasado y déjela reposar por 15 minutos. Golpee la masa hacia abajo y córtela por la mitad. Pásele el rodillo a cada pedazo de masa hasta hacer un círculo de 11" (28 cm); déjela que suba de nuevo, 15 minutos.

Póngala en un molde de pizza engrasado de 14" (35 cm). Con la punta de los dedos apriete la masa del centro hacia el borde hasta que cubra la mitad del molde; deje que la masa repose por 10 minutos. Apriete la masa una vez más hasta que cubra completamente el molde.

La masa ya está lista para la salsa y los rellenos.

Pizza de Pollo a la Barbaco

Masa:

Ingredientes:

2 cdas	16 g	levadura seca activa
¼ taza	60 ml	agua tibia
2½ tazas	360 g	harina sin blanquear
1 cdta	5 ml	sal
⅓ taza	80 ml	aceite de oliva
2	2	huevos

Preparación:

En un tazón de mezclar grande, disuelva la levadura en el agua, déjela reposar por 10 minutos. Agregue 1 taza (145 g) de harina, la sal y el aceite. Bata la mezcla hasta que esté suave y homogénea. Agregue ½ taza (70 g) de la harina y los huevos, mezclando bien.

Ponga la mezcla en una superficie enharinada. Amásela y agregue gradualmente el resto de la harina, siga amasando hasta tener una pelota suave y homogénea.

Póngala en un tazón engrasado, cúbrala y déjela que suba por 1½ hora. Déle puñetazos y divídala en dos. Pásele el rodillo hasta formar dos círculos y póngalos en dos moldes de 8" (20 cm). La masa ya está lista para ponerle la salsa y los rellenos.

Salsa:

Ingredientes:

3 cdas	45 ml	aceite de oliva
2 cdas	30 ml	cebolla picada fino
2 cdas	30 ml	pimientos dulces verdes picados fino
2 cdas	30 ml	apio picado fino
1	1	diente de ajo picado fino
¼ taza	60 ml	vino blanco
¼ cdta	1 ml	pimienta negra
½ cdta	3 ml	hojas de orégano
½ cdta	3 ml	comino molido
3 cdas	45 ml	azúcar morena
1¼ taza	280 g	puré de tomate
½ cdta	3 ml	sal ahumada

Preparación:

Caliente el aceite en una sartén. Agregue la cebolla, los pimientos dulces verdes, el apio y el ajo; sofríalos hasta que estén suaves. Incorpore los demás ingredientes. Lleve la salsa a ebullición, baje el calor y cocine a fuego lento por 20 minutos.

Relleno:

Ingredientes:

2 cdas	30 ml	aceite de oliva
1	1	diente de ajo picado fino
1 lb	450 g	pechuga de po en rodajas, sin hueso, sin piel
8 oz	225 g	queso Gouda ahumado, ralla
¼ taza	35 g	aceitunas negr en rodajas

Preparación:

Vierta el aceite en un tazón de mezclar, agregue el y el pollo, revuelva para que el pollo se unte bien. Sofría el pollo en una sartén grande.

Unte la masa uniformemente con la salsa, ponga encima el pollo. Salpique con el queso y las aceitu

Ponga en un horno precalentado a 450°F (230°C), 15 minutos o hasta que esté bien dorado. Saque d horno, corte en porciones y sirva.

PRODUCE dos pizzas de 8" (20 cm)

Esquina del Chef

Cómo Picar Cebollas en Cubitos

El mejor método para picar una cebolla en cubitos es cortarla primero a lo largo a partir de la parte de la flor hasta la raíz. Quítele la piel. Corte y tire la raíz ya que es amarga y co sabor como de madera. Corte la cebolla por la mitad desde la parte de la flor hacia la raíz. Corte otra vez la cebolla en la dirección contraria pero no hasta el fondo. Corte la cebolla en las rodajas que desee, ⅛" (3 mm) desde la parte floral hasta la raíz. Corte en la dirección contraria hasta formar cubitos. Mientras más hendiduras y cortes haga, va a resultar en cubitos más pequeños.

Pizza de las Islas Griega.

Ingredientes:

¾ lb	345 g	cordero sin hueso
1 cdta	5 ml	sal
1 cda	15 ml	orégano
½ cdta	3 ml	polvo de ajo
1 cdta	5 ml	salsa inglesa
3 cdas	45 ml	jugo de limón
⅓ taza	80 ml	aceite de oliva
½ lb	225 g	Masa de Pizza con Hierbas o ½ tanto de nuestra receta (vea la página 38)
1	1	pimiento dulce rojo en tiras finas
1	1	cebolla en cubitos
3 oz	80 g	champiñones sofritos, en rodajas
5 oz	150 g	tomates secos al sol, rehidratados, en tiras finas
1½ taza	150 g	queso Mozzarella rallado
1½ taza	200 g	queso Feta desmenuzado

Preparación:

Corte el cordero en tiras finas y póngalas en un tazón de mezclar. Incorpore la sal, el orégano, el polvo de ajo, la salsa inglesa, el jugo de limón y la mitad del aceite. Ponga una tapa y deje marinando por 2 horas. Escurra.

Caliente el resto del aceite en una sartén y fría rápidamente el cordero. Deje que se enfríe.

Ponga la masa en el molde de acuerdo a las instrucciones. Precaliente el horno a 450°F (230°C).

Con una cuchara, ponga sobre la masa el cordero, los pimientos, las cebollas, los champiñones y los tomates. Cubra con queso. Ponga en el horno por 15 minutos o hasta que esté bien dorado. Saque del molde, corte en porciones y sirva.

PRODUCE dos pizzas de 8" (20 cm) o una de 12" (30 cm)

Sueño de Mariscos

Ingredientes:

¾ lb	345 g	carne de langosta en cubitos
¾ lb	345 g	vieiras
¾ lb	345 g	camarón grande, pelado y desvenado
4 tazas	1 L	caldo de mariscos o de pollo (vea la página 146)
2 cdas	30 ml	mantequilla
4 oz	120 g	champiñones en rodajas
1	1	cebolla en cubitos pequeños
2 tazas	500 ml	Salsa Mornay
1 lb	454 g	Masa de Pizza de Trigo Integral o 1 tanto de nuestra receta (vea la página 18) Masa con Hierbas (vea la página 38)
2 cdas	30 ml	aceite de oliva
2 tazas	200 g	queso Havarti rallado
¾ taza	180 ml	Salsa Béarnaise

Preparación:

Ponga a cocer la langosta, las vieiras y el camarón en el caldo. (No los cueza demasiado para evitar que los mariscos se endurezcan). Escurra y ponga a enfriar.

Caliente la mantequilla en una sartén. Sofría los champiñones y las cebollas hasta que estén suaves. Agregue la Salsa Mornay y cocine a fuego lento hasta que la salsa se espese.

Precaliente el horno a 450°F (230°C). Ponga la corteza en el molde de acuerdo a las instrucciones. Untele aceite con una brochita. Póngale encima los mariscos, luego la Salsa Mornay. Espolvoree con el queso.

Ponga en el horno por 12 minutos. Cubra con la Salsa Béarnaise y continúe horneando por 3-5 minutos o hasta que la salsa se dore bonito.

Saque del molde, corte en porciones y sirva.

PRODUCE cuatro pizzas de 8" (20 cm) o dos de 12" (30 cm).

Salsa Béarnaise

Ingredientes:

3 cdas	45 ml	vino blanco
1 cda	15 ml	hojas secas de estragón
1 cdta	5 ml	jugo de limón
½ taza	100 g	mantequilla
3	3	yemas de huevo
1 cdta	5 ml	estragón fresco picado

Preparación:

Combine el vino, el estragón y el jugo de limón en una cacerola pequeña. A fuego alto reduzca la mezcla a 2 cdas (30 ml), luego pásela por un colador.

En otra cacerola pequeña, derrita la mantequilla y caliéntela hasta que esté casi hirviendo.

En una licuadora o procesador de alimentos, ponga a procesar las yemas de huevo hasta que se mezclen. Con el aparato en marcha, agregue la mantequilla en un chorro fino y lento. Con el aparato a baja velocidad, agregue la mezcla reducida de vino. Continúe licuando hasta que se mezcle. Ponga en un tazón de servir. Incorpore el estragón fresco.

PRODUCE ¾ taza (180 ml)

Salsa Mornay

Ingredientes:

3 cdas	45 ml	mantequilla
3 cdas	45 ml	harina
1¼ taza	310 ml	caldo de pollo (vea la página 146)
1¼ taza	310 ml	leche 50% crema
½ taza	60 g	queso Parmesano recién rallado

Preparación:

Caliente la mantequilla en una cacerola. Agregue la harina y cocine 2 minutos a fuego bajo. Incorpore el caldo de pollo y la crema. Baje el calor y cocine a fuego lento hasta que se espese. Mezcle el queso y cocine 2 minutos más.

Usela como desee.

PRODUCE 3 tazas (750 ml)

Pizza de Cangrejo
y Verduras de Vancouver

Ingredientes:

1 lb	454 g	Masa de Pizza de Trigo Integral o ½ tanto de nuestra receta (vea la página 18)
¾ taza	180 ml	Salsa de Pizza
2 tazas	360 g	carne de cangrejo cocida, en cubitos
1 taza	115 g	queso Monterey Jack desmenuzado
5 oz	140 g	espinaca picada
¼ taza	35 g	aceitunas negras en rodajas
½ taza	90 g	cebolla roja en rodajas
½ taza	85 g	corazones de alcachofa marinados, escurridos, en rodajas
3	3	tomates Roma, cortados en círculos
1 taza	130 g	queso Feta desmenuzado
1 cdta	5 ml	orégano seco

Preparación:

Prepare la masa de acuerdo a las instrucciones.

Precaliente el horno a 450°F (230°C).

Ponga la masa en un molde de pizza de 12" (30 cm).

Distribuya la Salsa de Pizza uniformemente en la masa de pizza preparada. Póngale encima la carne de cangrejo. Agregue el queso Monterey Jack y póngale encima la espinaca. Ponga arriba las aceitunas, las cebollas, los corazones de alcachofa y las rodajas de tomate.

Cubra con el queso Feta y salpique con el orégano.

Ponga en el horno por 12-15 minutos o hasta que esté bien dorado. Saque del horno, corte en porciones y sirva.

PRODUCE una pizza de 12" (30 cm)

Salsa de Pizza

Ingredientes:

3 cdas	45 ml	aceite vegetal o de oliva
2	2	dientes de ajo picados fino
1	1	cebolla en cubitos finos
1	1	tallo de apio en cubitos finos
½	0,5	pimiento dulce verde en cubitos finos
3 lbs	1,3 kg	tomates pelados sin semilla, picados
1 cdta	5 ml	hojas de orégano seco
1 cdta	5 ml	hojas de tomillo seco
1 cdta	5 ml	hojas de albahaca seca
1 cdta	5 ml	sal
½ cdta	3 ml	pimienta negra triturada
1 cda	15 ml	salsa inglesa
⅔ taza	170 g	pasta de tomate

Preparación:

Caliente el aceite en una olla grande. Sofría las verduras hasta que estén suaves. Agregue los tomates, los condimentos, la salsa inglesa y la pasta de tomate. Reduzca la temperatura y cocine a fuego lento por 2 horas, o hasta que la salsa esté muy espesa, revolviendo ocasionalmente. Deje que se enfríe.

PRODUCE 2 tazas (500 ML)

Pizza con Huevos Benedic

Ingredientes:

1 lb	454 g	Masa Básica de Pizza comercial o ½ tanto de nuestra receta (vea la página 6)
2 cdas	30 ml	aceite de oliva
½ cdta	3 ml	hojas de tomillo seco
½ cdta	3 ml	hojas de albahaca seca
½ cdta	3 ml	hojas de orégano seco
4 oz	115 g	queso Pecorino o Caciocavallo rallado
½ taza	100 g	mantequilla
2	2	yemas de huevo
2 cdtas	10 ml	jugo de limón
⅛ cdta	pizca	pimienta de Cayena
9	9	huevos
16	16	rodajas de tocino canadiense
2 cdas	30 ml	caviar rojo
2 cdas	30 ml	caviar negro
		perejil para adornar

Preparación:

Precaliente el horno a 450°F (230°C).

Prepare la masa de acuerdo a las instrucciones. Ponga la masa en un molde de pizza de 12" (30 cm). Con una brochita, unte la masa con el aceite de oliva. Salpique con las hojas de tomillo, albahaca y orégano. Ponga en el horno por 8 minutos. Espolvoree con el queso y continúe horneando hasta que esté bien dorado. Mientras la masa está en el horno, derrita la mantequilla hasta que esté bien caliente. Saque la masa del horno.

Ponga el horno en la función de asar.

Ponga las yemas de huevo en una cacerola doble a fuego bajo. Agregue lentamente el jugo de limón, asegúrese que se incorpore bien. Quite del fuego, incorpore batiendo lentamente la mantequilla caliente. Agregue la pimienta de Cayena.

Ponga a cocer los huevos en un pochador.

Cubra la masa con rodajas de tocino, coloque alrededor los huevos de manera uniforme. Bañe cada huevo con salsa. Ponga la pizza bajo el asador del horno y hornéela hasta que se dore bien. Sáquela del horno y adorne cada huevo con los caviares y el perejil. Sirva inmediatamente.

PRODUCE una pizza de 12" (30 cm)

Pizza de Camarón Asado
con Pesto de Pimiento Dulce Rojo

Ingredientes:

1 lb	454 g	Masa de Pizza de Trigo Integral o ½ tanto de nuestra receta (vea la página 18)
1 lb	454 g	camarón grande
2 cdas	30 ml	aceite de oliva
½ cdta	3 ml	de cada una: sal, pimienta, albahaca, paprika
2 tazas	230 g	queso Mozzarella desmenuzado
2	2	tomates grandes en rodajas
½ taza	35 g	cebollas verdes en rodajas

Pesto:

1	1	diente de ajo picado fino
2 cdas	30 ml	piñones
1 cda	15 ml	hojas de albahaca fresca picadas
3 cdas	45 ml	perejil picado
1 taza	150 g	pimientos dulces rojos, sin semilla, picados
3 oz	85 g	queso Romano, recién rallado
¼ taza	60 ml	aceite de oliva

Preparación:

Prepare la masa de acuerdo a las instrucciones.

Precaliente el horno a 450°F (230°C).

Pele y quítele las venas a los camarones, póngalos en un tazón de mezclar. Agregue el aceite y los condimentos, deje marinar por 20 minutos. Ase los camarones 3 minutos por lado. Déjelos enfriar.

En un procesador de alimentos, triture el ajo y los piñones hasta que estén muy finos. Agregue la albahaca, el perejil, los pimientos, el queso Romano y procese todo hasta hacer un puré. Agregue lentamente el aceite y continúe procesando hasta que tenga una salsa de consistencia de mayonesa.

Ponga la masa en un molde de pizza de 12" (30 cm), póngale arriba el pesto, el queso y el camarón. Coloque encima las rodajas de tomate y salpique con las cebollas verdes.

Ponga en el horno por 12-15 minutos o hasta que esté bien dorado, saque del horno, corte en porciones y sirva.

PRODUCE una pizza de 12" (30 cm)

Masa de Trigo Integral

Ingredientes:

1 cda	8 g	levadura seca activa
¾ taza	180 ml	agua tibia
1 taza	135 g	harina de paste de trigo integra
1½ taza	220 g	harina de todo uso sin blanquear
1	1	huevo, batido
½ cdta	3 ml	sal
3 cdas	45 ml	aceite de oliva

Preparación:

En un tazón grande, disuelva la levadura en el agua. Déjela reposar por 10 minutos o hasta que esté espumosa. Agregue la harina de trigo integral, ½ taza (75 g) de harina sin blanquear, el huevo, sal y aceite y revuelva hasta tener una pasta fina y homogénea.

Gradualmente, incorpore amasando el resto de la harina y continúe amasando hasta tener una pelota suave y homogénea.

Deje que la masa suba por 15 minutos. Divídala en dos. Pásele el rodillo a cada mitad para formar un círculo, en una superficie ligeramente enharinada.

Ponga cada círculo en un molde de pizza untado con un poco de aceite. Déjelos que suban 15 minutos más. Con la punta de los dedos, apriete la masa desde el centro hacia los bordes hasta cubrir totalmente el molde con la masa.

La masa ya está lista para la salsa y los rellenos.

PRODUCE cuatro pizzas de 8" (20 cm) o dos de 12" (30 cm)

Sfinciuni
Pizza de Relleno Doble

Ingredientes:

½ taza	70 g	apio picado fino
⅓ taza	95 g	aceitunas verdes rellenas con pimiento dulce, picadas
¼ taza	20 g	champiñones Porcini picados
¼ taza	35 g	cebollas de cóctel picadas
1	1	diente de ajo picado fino
¼ taza	60 ml	aceite de oliva extra virgen
2 cdas	30 ml	vinagre balsámico
½ cdta	3 ml	sal
½ cdta	3 ml	pimienta
½ cdta	3 ml	hojas de tomillo seco
½ cdta	3 ml	hojas de albahaca seca
½ cdta	3 ml	hojas de orégano seco
1 lb	454 g	Masa de Pizza Gourmet comercial o 1 tanto de nuestra receta
4 oz	115 g	prosciutto
8 oz	225 g	queso Provolone desmenuzado
		aceite de oliva extra virgen, para untarlo

Preparación:

En un tazón de mezclar, combine el apio, las aceitunas, los champiñones, las cebollas, el ajo, el aceite, el vinagre y los condimentos. Ponga a marinar en refrigeración por 1½ hora.

Precaliente el horno a 450°F (230°C).

Prepare la masa de acuerdo a las instrucciones, divídala en dos porciones iguales. Ponga la mitad de la masa en un molde de pizza de 12" (30 cm). Póngale encima las verduras marinadas, el prosciutto y el queso Provolone. Pásele el rodillo a la segunda mitad de la masa y cubra la primera capa, apriete los bordes para sellar. Unte el aceite con una brochita.

Ponga en el horno por 30 minutos o hasta que esté bien dorado. Saque del horno, corte en porciones y sirva.

PRODUCE una pizza de 12" (30 cm)

Masa Gourmet

Ingredientes:

2 cdas	30 ml	azúcar granulada
¼ taza	60 ml	agua tibia
2 cdas	16 g	levadura seca activa
2 tazas	500 ml	leche
1 cdta	5 ml	sal
3 cdas	45 ml	mantequilla
6½ tazas	975 g	harina de todo uso
1	1	huevo, batido
¼ taza	60 ml	crema espesa

Preparación:

Mezcle 1 cdta (5 ml) de azúcar en el agua tibia. Disuelva la levadura en el agua y déjela que se ablande por 10 minutos.

En una sartén, combine la leche, el resto del azúcar, la sal y la mantequilla. Ponga a hervir, luego deje enfriar. Pase la mezcla a un tazón de mezclar.

Incorpore batiendo la mezcla de levadura y 3 tazas (450 g) de harina. Bátalas por 2 minutos. Tápelas. Déjelas que suban por 1 hora, luego incorpore batiendo el resto de la harina, el huevo, y la crema espesa.

Amase en una mezcladora por 8 minutos. Tape la masa y déjela que suba.

Divida la masa en dos o cuatro partes iguales y póngalas en moldes bien engrasados (de acuerdo a su receta de pizza). Déjelas que suban por 15 minutos. Ponga la masa uniformemente en los moldes, apretándola con la punta de los dedos a partir del centro, hasta cubrir toda el molde.

PRODUCE cuatro pizzas de 8" (20 cm) o dos de 12" (30 cm)

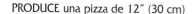

Pizza Siciliana

Masa:
Ingredientes:

2 cdas	16 g	levadura seca activa
1 taza	250 ml	agua tibia
3½ tazas	510 g	harina sin blanquear, (aproximadamente)
4	4	dientes de ajo picados fino
3 cdas	45 ml	cebollines picados
½ taza	125 ml	queso Parmesano recién rallado
2	2	huevos, batidos
¼ taza	60 ml	aceite de oliva

Preparación:

En un tazón de mezclar grande disuelva la levadura en el agua tibia. Déjela reposar por 10 minutos o hasta que esté espumosa. Incorpore batiendo 2 tazas (290 g) de harina junto con el ajo, los cebollines, el Parmesano, los huevos y el aceite, hasta tener una mezcla homogénea y suave.

Revuelva y amase gradualmente el resto de la harina o la suficiente para formar una pelota homogénea.

Póngala en un tazón engrasado, tápelo y deje reposar por 15 minutos. Divida la masa en dos y pásele el rodillo para formar círculos, en una superficie ligeramente enharinada.

Ponga los círculos en moldes untados con un poco de aceite. Deje reposar por 15 minutos. Con la punta de los dedos, apriete la masa a partir del centro hasta cubrir toda el molde.

La masa ya está lista para la salsa y los rellenos.

Rellenos:
Ingredientes:

4 cdas	60 ml	aceite de oliva
1 lb	454 g	tomates ciruelo frescos
3	3	dientes de ajo picados fino
1 cda	15 ml	albahaca fresca picada
½ cdta	3 ml	de cada una: sal pimienta
8	8	corazones de alcachofa marinados, escurridos, en cuartos
8 oz	225 g	Prosciutto, en ti finas
6 oz	170 g	queso Gorgonze en cubitos
6 oz	170 g	queso Pecorino rallado
⅓ taza	50 g	aceitunas negra sin semillas, en rodajas
2	2	tomates grande frescos, en roda

Preparación:

Mientras la masa está subiendo, caliente 2 cdas (30 ml) del aceite en una sartén.

Pele y corte en cuartos los tomates ciruelos. Póngale en el aceite junto con el ajo, la albahaca, la sal y la pimienta. Baje la temperatura y cocine a fuego lento por 30 minutos.

Con una brochita unte la masa con el resto del aceite póngale la salsa encima. Cubra con los corazones de alcachofa y el prosciutto.

Espolvoree con los quesos y ponga encima las aceitunas y los tomates.

Ponga en un horno precalentado a 450°F (230°C), p 10-12 minutos o hasta que esté bien dorado.

PRODUCE dos pizzas de 8" (20 cm).

Pizza de Melocotón Melb[...]

Ingredientes:

¾ lb	345 g	albaricoques pelados, sin semilla
1 lb	454 g	frambuesas frescas
½ taza	125 ml	jugo de manzana
2 cdas	30 ml	jugo de limón
¼ taza	50 g	azúcar
2 lbs	900 g	Masa de Pizza Gourmet comercial o 1 tanto de nuestra receta (vea la página 20)
10	10	melocotones grandes, pelados, sin semilla, en mitades
2 tazas	500 ml	cubos de queso Bel Paese

Preparación:

Ponga los albaricoques y las frambuesas en un procesador de alimentos, hagalos puré. Pase el puré por un colador, apretando para eliminar las semillas, deje caer el jugo en una cacerolita salsera. Incorpore el jugo de manzana, el jugo de limón y el azúcar; ponga a cocer a fuego lento hasta que tenga una salsa muy espesa. Deje enfriar a temperatura ambiente.

Prepare la masa de acuerdo a las instrucciones.

Cuando la masa esté subiendo, ponga a cocer las mitades de melocotón en agua hirviendo azucarada por 5 minutos. Escúrralas y póngalas a enfriar.

Ponga la masa en los moldes de acuerdo a las instrucciones para la Masa de Pizza Gourmet. Unte la masa con la salsa de frambuesa. Ponga encima los melocotones. Espolvoree con el queso y ponga en un horno precalentado a 450°F (230°C), por 10-12 minutos o hasta que esté bien dorado.

Saque de los moldes, corte en porciones y sirva.

PRODUCE dos pizzas de 12" (30 cm).

Pizza de San Diego

Masa:

Ingredientes:

2 cdas	16 g	levadura seca activa (2 sobres)
1½ taza	375 ml	agua tibia
4 tazas	600 g	harina de todo uso (aproximadamente)
1 cdta	5 ml	sal
½ cdta	3 ml	de cada una: albahaca, tomillo, pimienta negra triturada, escamitas de chile rojo
¼ taza	60 ml	aceite de oliva

Preparación:

En un tazón de mezclar grande, disuelva la levadura en el agua tibia. Déjela reposar por 10 minutos o hasta que esté espumosa. Incorpore 2 tazas (300 g) de harina junto con la sal y los condimentos. Incorpore mezclando el aceite. Agregue 1 taza (150 g) de harina mezclándola hasta formar una pelota. Agregue la harina suficiente para una masa suave y homogénea. La masa no debe quedar pegajosa. Amásela por 5 minutos, déjela reposar por 15 minutos. Divídala en dos. Pásele el rodillo para formar dos círculos de 11" (28 cm). Deje reposar 15 minutos más. Ponga la masa en moldes de pizza de 12" (30 cm), untados con un poco de aceite. Con la punta de los dedos, apriete la masa desde el centro hacia los bordes, hasta cubrir todo el molde.

La masa ya está lista para la salsa y los rellenos.

Rellenos:

Ingredientes:

3 cdas	45 ml	aceite de oliva saborizado con hierbas
12 oz	340 g	pollo deshuesado, en cubitos
12 oz	340 g	camarón grande, pelado, desvenado
1 taza	250 ml	Salsa Diego
24 oz	680 g	queso Mozzarella rallado
½ taza	70 g	queso Parmesano rallado
8	8	corazones de alcachofa marinados, escurridos, cuartos
1 taza	135 g	tomates secos al sol, en aceite
1 taza	80 g	flores de brócoli cocidas

Preparación:

Caliente 2 cdas (30 ml) de aceite de oliva en una sartén. Sofría el pollo y el camarón hasta que estén bien cocidos.

Con una brochita unte la masa con el resto del acei

Póngale ½ taza (125 ml) de salsa a la pizza. Cúbrala con el pollo y el camarón. Ponga encima cantidades iguales de los quesos. Cubra con los ingredientes restantes.

Ponga en un horno precalentado a 450°F (230°C), p 10-12 minutos o hasta que esté bien dorado.

PRODUCE dos pizzas de 12" (30 cm).

Salsa Diego:

Ingredientes:

3	3	chiles cascabel rojos
⅓ taza	80 ml	aceite de oliva
1	1	cebolla en cubitos finos
2	2	dientes de ajo picados fino
1½ lb	675 g	tomates pelados, sin semillas, picados
2 cdtas	10 ml	hojas de orégano

Preparación:

Sáqueles las semillas y corte los chiles en cubitos, mézclelos con la mitad del aceite. Póngalos a marinar por 1 hora.

Caliente el resto del aceite en una cacerola salsera.

Sofría la cebolla y el ajo hasta que estén suaves.

Escurra la salsa de marinar y mezcle los chiles con la cebolla. Agregue los tomates y el orégano. Baje el fuego hasta que esté a temperatura media y cocine hasta que la salsa se espese.

Usela según se necesite; la que sobre se puede mantener refrigerada hasta por 10 días.

Pizza de Palm Springs

Masa:

Ingredientes:

2 cdas	16 g	levadura seca activa
¼ taza	60 ml	agua tibia
2¼ tazas	330 g	harina sin blanquear
1 cdta	5 ml	sal
⅓ taza	80 ml	aceite de oliva
2	2	huevos, batidos

Preparación:

En un tazón de mezclar grande, disuelva la levadura en el agua, déjela reposar por 10 minutos. Agregue 1 taza (150 g) de harina, la sal y el aceite. Bata la mezcla hasta que esté suave y homogénea. Agregue ½ taza (75 g) de harina y los huevos, mezclando bien.

Ponga la mezcla en una superficie enharinada. Amásela y agregue gradualmente el resto de la harina, siga amasando hasta tener una pelota suave y homogénea.

Póngala en un tazón engrasado, cúbrala y déjela que suba por 1½ hora. Déle puñetazos. Pásele el rodillo hasta formar un círculo y póngala en un molde untado con un poco de aceite. La masa ya está lista para ponerle los rellenos.

Rellenos:

Ingredientes:

3 cdas	45 ml	aceite de oliva de pimiento rojo
12 oz	340 g	pollo deshuesado, en cubitos
½ taza	125 ml	Salsa de Pizza (vea la página 14)
1 taza	70 g	champiñones Portobello, en rodajas
1½ taza	150 g	queso Cacciocavallo rallado
1½ taza	150 g	queso Mozzarella rallado
½ taza	85 g	pimientos dulces rojos, en rodajas

Preparación:

Caliente 2 cdas (30 ml) del aceite en una sartén. S el pollo.

Con una brochita, unte la masa con el resto del ac

Póngale a cada una de las pizzas ¼ taza (60 ml) de Salsa de Pizza. Salpique la pizza con el pollo y los champiñones. Ponga encima los quesos y los pimientos dulces rojos.

Ponga en un horno precalentado a 450°F (230°C), 10-12 minutos o hasta que esté bien dorado.

PARA 6 PORCIONES

Esquina del Chef

Champiñones Portobello

Los champiñones Portobello tienen forma de paraguas grandes, y un sabor carnoso y terroso fuerte. Son excelentes para todo tipo de cocina. Se pueden usar solos como entremeses, y también rellenos o marinados asados a la parrilla.

Pizza Tucson

Ingredientes:

3 cdas	45 ml	aceite de oliva
1 lb	454 g	salchicha italiana picante
1	1	puerro en tiras finas
1	1	pimiento dulce rojo, picado fino
2	2	chiles jalapeños, en cubitos finos
3 oz	80 g	champiñones Porcini, en rodajas
1	1	diente de ajo picado fino
½ cdta	3 ml	sal
¼ cdta	1 ml	de cada una: albahaca, orégano, tomillo, pimienta negra
1 taza	250 ml	Salsa de Pizza (vea la página 14)
1 lb	454 g	Masa de Pizza Gourmet comercial o 1 tanto de nuestra receta (vea la página 20)
1 taza	100 g	queso Mozzarella rallado
1 taza	250 ml	queso Bocconcini
½ taza	60 g	queso Parmesano recién rallado
1	1	huevo

Preparación:

En una olla grande, caliente el aceite y cocine la carne de salchicha. Escurra el exceso de grasa. Agregue las verduras y sofríalas hasta que estén suaves. Agregue los condimentos y la Salsa de Pizza. Baje la temperatura y cocine a fuego lento por 30 minutos. Ponga a enfriar a temperatura ambiente.

Prepare la masa de acuerdo a las instrucciones. Pásele el rodillo y córtela en dos. Ponga la mitad en un molde de resorte de 9" (23 cm). Llene el molde con la mezcla fría, y espolvoree con el queso. Cubra con el resto de la masa. Apriete los bordes para sellar. Corte el exceso de masa y úselo para decorar. Bata el huevo y úntelo a la masa con una brochita. Ponga por 20-30 minutos en un horno precalentado a 450°F (230°C), o hasta que esté bien dorado. Saque del molde, corte en porciones y sirva.

PRODUCE una pizza de 9" (23 cm)

Pizza Jamaiquina de Pollo

Ingredientes:

1 cda	15 ml	pimienta de Jamaica molida
1 cda	15 ml	tomillo seco
1½ cdta	8 ml	pimienta de Cayena
1½ cdta	8 ml	pimienta negra recién molida
1½ cdta	8 ml	salvia molida
¾ cdta	4 ml	nuez moscada molida
¾ cdta	4 ml	canela molida
2 cdas	30 ml	sal
2 cdas	30 ml	ajo en polvo
1 cda	15 ml	azúcar
¼ taza	60 ml	aceite de oliva
¼ taza	60 ml	salsa de soya
¾ taza	180 ml	vinagre blanco
½ taza	125 ml	jugo de naranja
3 cdas	45 ml	jugo de lima
1	1	pimiento de bonete escocés, sin semillas, picado fino
1 taza	135 g	cebolla Bermuda picada
3	3	cebolletas picadas fino
4-6 oz	4-170 g	pechugas de pollo, deshuesadas, sin piel
1 cdta	5 ml	maicena
2 cdas	30 ml	agua
1 lb	454 g	Masa de Pizza Gourmet comercial o 1 tanto de nuestra receta (vea la página 20)
1 taza	60 g	champiñones shiiitake, en rodajas
2 tazas	200 g	queso Colby rallado

Preparación:

En un tazón de mezclar grande, combine la pimienta de Jamaica, el tomillo, la pimienta de Cayena, la pimienta negra, la salvia, la nuez moscada, la sal, el ajo en polvo y el azúcar. Con un batidor de alambre, agregue lentamente el aceite de oliva, la salsa de soya, el vinagre, el jugo de naranja y el de lima. Agregue el pimiento de bonete escocés, la cebolla y las cebolletas, y mezcle bien.

Agregue las pechugas de pollo, ponga una tapa y deje marinando por lo menos 3 horas.

Precaliente una parrilla fuera de la casa. Saque las pechugas de la salsa de marinar y áselas 6 minutos por lado. Mientras se están asando, úntelas con la salsa de marinar. Déjelas enfriar y córtelas en bocaditos. Caliente el resto de la salsa de marinar en una cacerolita salsera, llévela a ebullición. Mezcle la maicena con el agua y agréguela a la salsa de marinar, cocínela a fuego lento hasta que se espese.

Precaliente el horno a 450°F (230°C).

Prepare la masa de acuerdo a las instrucciones. Póngala en un molde de pizza de 12" (30 cm). Ponga sobre la masa el pollo, una cantidad pequeña de la salsa de marinar espesa, los champiñones y el queso Colby. Ponga en el horno por 15 minutos o hasta que esté bien dorado.

Saque del horno, corte en porciones y sirva inmediatamente.

PRODUCE una pizza de 12" (30 cm)

Esquina del Chef

Champiñones Shiitake

Los champiñones Shiitake tienen sabor a carne y forma de paraguas. Son excelentes como plato complementario o con platillos de frituras. También se les conoce como champiñones de Roble ya que tienden a crecer en esos árboles. Se les cultiva principalmente en el Oriente; sin embargo, se pueden conseguir frescos en todo el mundo.

Focaccia de Albahaca y Pimienta

Ingredientes:

2	2	dientes de ajo machacados
2 cdas	30 ml	aceite de oliva de pimiento rojo
1 cda	8 g	levadura seca
1½ taza	375 ml	agua tibia
1 cdta	5 ml	azúcar granulada
3¾ tazas	545 g	harina de todo uso sin blanquear
1½ cdta	8 ml	sal
2	2	chiles jalapeños picados
¼ taza	25 g	hojas de albahaca picadas

Relleno de Arriba:

3 cdas	45 ml	aceite de oliva con hierbas
3	3	chiles cascabel rojos, picados fino
2 cdas	30 ml	hojas de albahaca picadas
1 cda	15 ml	sal de mar gruesa

Relleno del Centro:

3	3	de cada uno: pimiento dulce rojo y amarillo
1	1	berenjena
¼ taza	60 ml	aceite de oliva con hierbas
1 cdta	5 ml	de cada una: sal de mar y pimienta negra triturada
4	4	tomates pelados, sin semillas, picados
2	2	cebollas rojas, en rodajas finas
¼ lb	120 g	queso Provolone en rodajas
¼ lb	120 g	prosciutto en rodajas finas
¼ lb	120 g	mortadela en rodajas finas

Preparación:

Caliente los dientes de ajo en el aceite de oliva a fuego bajo hasta que el ajo esté tostado. Quite del fuego y guarde el ajo, deje que el aceite se enfríe.

Revuelva la levadura en el agua junto con el azúca déjela que suba por 10 minutos. Agregue el aceit oliva frío. Incorpore revolviendo el ajo tostado, la harina, la sal, el jalapeño y la albahaca, mézclelos bien. Amase todo con la mano, de 6 a 8 minutos.

Ponga la masa en un tazón ligeramente untado co aceite, tápela y deje que suba hasta que esté del doble de su tamaño. Ponga la masa en un molde pizza engrasado de 14" (33 cm). Estire la masa pa cubrir lo más que pueda del molde. Tápela y déje reposar por 15 minutos. Abrale agujeros a la mas introduciendo los dedos hasta el fondo. Estire otra vez la masa para cubrir el molde. Déjela subir has que esté ligera y liviana por unos 50 minutos.

Precaliente el horno a 400°F (200°C). Sumerja ligeramente los dedos en el aceite de oliva con hierbas, haga otra vez agujeros en la parte de arri de la masa. Salpique con los chiles cascabel, la albahaca y la sal. Ponga en el horno de 25 a 30 minutos hasta que la masa se tueste en lo bordes. Deje que se enfríe un poco, luego sáquela molde y póngala a enfriar en una parrilla.

Mientras la focaccia se enfría, corte en porciones l pimientos rojos y amarillos junto con la berenjena Con una brochita, unte con el aceite y salpique co sal y pimienta. Ponga a asar a la parrilla a calor m por 3-5 minutos.

Corte la focaccia en mitades y póngales capas de verduras asadas, tomates, cebolla, queso y las car

PRODUCE una pizza de 14" (33 cm)

Esquina del Chef

Salchicha de Andouille

La Salchicha de Andouille es una salchicha de pura carne de cerdo, muy sazonada; se usa mucho en las comidas Cajun y Creole de Luisiana. Es originaria de Francia. Si usted no puede encontrar Andouille, la puede reemplaza con salchicha picante italiana o con chorizo español. Es casi imposible para cualquiera enumerar todas las distintas salchichas que existen en el mundo. Sólo Alemania tiene 1,50C variedades. ¿Por qué no consigue las que le gustan y después busca y consigue otras más?

Calzone de Pollo con Papas

Ingredientes:

3 cdas	45 ml	aceite de oliva
8 oz	225 g	pechuga de pollo, deshuesada, en rodajas
1 cda	15 ml	romero fresco picado
1 cdta	5 ml	ajo picado fino
		sal y pimienta al gusto
1 lb	454 g	Masa de Pizza de Ajo y Parmesano comercial o 1 tanto de nuestra receta
1 taza	250 ml	Salsa de Pizza (vea la página 14)
½ lb	225 g	papas nuevas cocidas, cortadas en círculos
1 taza	225 g	queso Ricotta
1 taza	100 g	Gouda ahumado rallado
⅓ taza	35 g	Provolone rallado
1	1	huevo batido

Preparación:

Caliente el aceite en una sartén grande, agregue el pollo y salpique con el romero, el ajo, sal y pimienta.

Prepare la masa de acuerdo a las instrucciones.

Pásele el rodillo a la masa y haga cuatro círculos. Ponga dos de los círculos en dos moldes de pizza de 8" (20 cm).

Precaliente el horno a 450°F (230°C).

Póngale Salsa de Pizza de manera uniforme a cada uno de los círculos en los moldes. Cubra la salsa con el pollo y las papas.

Mezcle los quesos y póngaselos a las pizzas.

Coloque los círculos restantes sobre las pizzas y apriete los bordes para que queden bien sellados. Unte el huevo con una brochita. Pinche con un tenedor para que escape el vapor.

Ponga a hornear por 15-20 minutos o hasta que esté bien dorado.

PRODUCE dos pizzas de 8" (20 cm)

Masa de Ajo y Parmesano

Ingredientes:

2 cdas	16 g	levadura seca activa
1 taza	250 ml	agua tibia
3½ tazas	510 g	harina sin blanquear (aproximadamen
4	4	dientes de ajo picados fino
½ taza	60 g	queso Parmesar recién rallado
2	2	huevos, batidos
¼ taza	60 ml	aceite de oliva

Preparación:

En un tazón de mezclar grande, disuelva la levadura en el agua tibia. Déjela reposar por 10 minutos o hasta que esté espumosa. Incorpore batiendo 2 tazas (290 g) de harina junto con el ajo, el Parmesano, los huevos y aceite, hasta que tenga una mezcla fina y homogénea.

Gradualmente, incorpore y amase el resto de la harina o la suficiente para formar una pelo fina y homogénea.

Ponga la pelota en un tazón engrasado. Tápe y déjela que suba por 15 minutos. Divida la masa en mitades y páseles el rodillo para formar círculos, en una superficie ligerament enharinada. Coloque los círculos en moldes untados con un poco de aceite. Déjelos que suban por 15 minutos. Con la punta de los dedos, apriete la masa hacia fuera a partir de centro hasta cubrir todo el molde.

La masa ya está lista para la salsa y los rellenos

PRODUCE cuatro pizzas de 8" (20 cm) o dos de 12" (30 cm)

Pizza de Alitas de Pollo Buffa

Ingredientes:

12 oz	345 g	pollo deshuesado, sin piel
¼ taza	60 ml	Salsa Picante Frank Durkee's™ Louisiana
¾ lb	340 g	Masa de Hierbas comercial o 1 tanto de nuestra receta
1 taza	140 g	apio en cubitos
1 taza	250 ml	Salsa de Pizza (vea la página 14)
1½ taza	210 g	queso azul desmenuzado
1½ taza	150 g	queso Brick rallado
1 taza	135 g	queso Parmesano rallado
1 taza	100 g	queso Provolone rallado

Preparación:

Corte el pollo en tiras y póngalas en un tazón de mezclar. Echeles la salsa picante y póngalas a marinar en refrigeración por 1½ hora. Ase a la parrilla las tiras de pollo por 8-10 minutos.

Prepare la masa de acuerdo a las instrucciones.

Precaliente el horno a 450°F (230°C).

Ponga la masa en el molde según las instrucciones. Con una cuchara, póngale Salsa de Pizza hasta llegar a ½" (1,5 cm) del borde del molde. Cubra la masa con el pollo y el apio, y salpique uniformemente con los quesos.

Ponga en el horno por 15 minutos o hasta que la corteza se dore. Saque del molde, corte en porciones y sirva.

PRODUCE dos pizzas de 8" (20 cm) o una de 12" (30 cm)

Masa de Hierbas

Ingredientes:

2 cdas	16 g	levadura seca activa (2 sobres)
1½ taza	375 ml	agua tibia
4 tazas	600 g	harina de todo uso (aproximadament
1 cdta	5 ml	sal
½ cdta	3 ml	de cada una: albahaca, tomillo y orégano secos ajo en polvo, cebolla en polvo perifollo y pimienta negra triturada
¼ taza	60 ml	aceite de oliva

Preparación:

En un tazón de mezclar grande, disuelva la levadura en el agua tibia. Déjela reposar por 10 minutos o hasta que esté espumosa.

Incorpore 2 tazas (300 g) de harina junto con la sal y los condimentos. Revuelva hasta que tenga una mezcla homogénea. Incorpore revolviendo el aceite. Agregue 1 taza (150 g de harina, revolviendo hasta hacer una pelota Agregue la harina suficiente para formar una pelota homogénea y fina. La masa no debe quedar pegajosa.

Amase por 5 minutos, deje que la masa suba por 15 minutos. Divídala en mitades. Páseles el rodillo para hacer círculos de 11" (28 cm). Deje que suban 15 minutos más. Ponga la masa en moldes de pizza de 12" (30 cm), untados con un poco de aceite. Con la punta de los dedos, apriete la masa a partir del centro hacia los bordes hasta cubrir todo el molde.

La masa ya está lista para la salsa y los rellen

PRODUCE cuatro pizzas de 8" (20 cm) o dos de 12" (30 cm)

Pizza de Crema de Menta y Kahlúa

Ingredientes:

¼ taza	50 g	mantequilla
1 taza	205 g	azúcar morena - de paquete
1	1	huevo
¼ taza	60 ml	licor de Kahlúa
¼ taza	60 ml	licor de Crema de Menta, blanco
1½ taza	225 g	harina
½ cdta	3 ml	polvo de hornear
½ cdta	3 ml	bicarbonato de sodio
1 taza	170 g	trocitos de chocolate semi-dulce
2 cdas	30 ml	licor de Crema de Menta, verde
1 taza	130 g	azúcar de confitería

Preparación:

Haga una crema con la mantequilla, el azúcar y el huevo, bátalos bien. Incorpore batiendo el Kahlúa y la Crema de Menta blanca. Debe cernir la harina junto con el polvo de hornear y el bicarbonato de sodio. Incorpórelos en la mezcla cremosa, revuelva los trocitos de chocolate. Vierta la mezcla en un molde de pizza enmantequillado de 12" (30 cm). Póngalo en un horno precalentado a 350°F (180°C), por 20-25 minutos.

Mezcle la Crema de Menta verde y el azúcar de confitería. Rocíelos sobre la pizza. Déjela que se enfríe y córtela en porciones.

PRODUCE una pizza de 12" (30 cm).

Pizza de Galletas y Crema

Ingredientes:

1 lb	454 g	Masa Dulce comercial o 1 tanto de nuestra receta
1	7 g	sobre de gelatina sin sabor
¼ taza	60 ml	agua fría
8 oz	225 g	queso crema ablandado
½ taza	100 g	azúcar granulada
¼ taza	180 ml	leche
1 cdta	5 ml	extracto de vainilla
1 taza	250 ml	crema de batir, batida
¼ taza	80 g	conserva de frambuesa
1 ¼ taza	125 g	galletas de chocolate rellenas con crema, picadas grueso

Preparación:

Precaliente el horno a 400°F (200°C).

Prepare la masa de acuerdo a las instrucciones. Pásele el rodillo y cubra el fondo y los lados de un molde de resorte de 10" (30 cm). Cubra la masa con papel de aluminio. Póngala en el horno por 15 minutos o hasta que esté bien dorada. Déjela enfriar a temperatura ambiente.

Ablande la gelatina en el agua; revuélvala a calor bajo hasta que se disuelva. Combine el queso crema, el azúcar y la vainilla en un tazón de mezclar, bátalos hasta que se mezclen bien. Gradualmente, agregue la mezcla de gelatina y leche, revolviendo hasta que se mezcle bien.

Ponga a enfriar hasta que la mezcla esté espesa pero sin cuajarse. Incorpore la crema batida. Unte la conserva en la corteza. Vierta ⅔ del relleno en la corteza, ponga a enfriar hasta que cuaje. Póngale encima las galletas y la mezcla reservada de queso crema. Refrigere hasta que esté firme.

PRODUCE una pizza de 10" (30 cm)

Masa Dulce

Ingredientes:

1 cdta	5 ml	azúcar granulada
1 taza	250 ml	agua tibia
1 cda	8 g	(sobre) de levadura seca activa
2 cdas	30 ml	mantequilla, derretida, fría
3½ tazas	525 g	harina de todo uso
⅛ cdta	pizca	sal
2	2	huevos, batidos
¼ taza	50 g	azúcar
1 cda	15 ml	vainilla
1 cda	15 ml	cáscara de limón
1 cdta	5 ml	canela

Preparación:

En un tazón grande, disuelva el azúcar en el agua tibia. Espolvoree con la levadura y déjela reposar por 10 minutos o hasta que esté espumosa. Incorpore la mantequilla.

En la mezcla de la levadura, incorpore la mitad de la harina junto con la sal, los huevos, el azúcar, la vainilla, la cáscara de limón y la canela. Gradualmente, incorpore revolviendo la harina restante suficiente para hacer una pelota ligeramente pegajosa.

Amase la pelota en una superficie ligeramente enharinada hasta que la masa esté homogénea y elástica, unos 5 minutos.

Ponga la masa en un tazón engrasado y déjela que suba por 15 minutos. Déle puñetazos; córtela en mitades. Pásele el rodillo a cada mitad para formar círculos de 11" (28 cm). Deje subir la masa otra vez por 15 minutos.

Póngala en un molde engrasado de pizza de 12" (30 cm). Con la punta de los dedos, apriete la masa a partir del centro hasta llenar la mitad del molde. Déjela reposar por 10 minutos. Apriétela otra vez hasta que llegue a cubrir todo el molde.

La masa ya está lista para la salsa y los rellenos.

PRODUCE dos pizzas de 12" (30 cm)

Pizza Montaña de Chocolate

Ingredientes:

Corteza:

¾ taza	180 ml	jarabe de maíz
⅓ taza	80 ml	crema de batir
8 oz	225 g	trocitos de chocolate semi-dulce
½ taza	100 g	mantequilla
½ taza	110 g	azúcar de vainilla
2	2	huevos, batidos
½ cdta	3 ml	extracto de vainilla
¾ taza	115 g	harina
½ cdta	3 ml	sal
½ taza	55 g	nueces picadas

Relleno del Centro:

1 cda	7 g	gelatina sin sabor
⅓ taza	80 ml	agua
½ lb	225 g	queso crema abladado
3 oz	80 g	trocitos de chocolate derretidos
½ taza	125 ml	leche condensada dulce
1 cdta	5 ml	vainilla
½ taza	125 ml	crema de batir, batida

Relleno de Arriba:

¼ cdta	1 ml	sal
1 cdta	5 ml	vainilla
3 cdas	45 ml	mantequilla

Preparación:

Corteza:

Precaliente el horno a 350°F (180°C). Engrase y enharine un molde de pizza de 12" (30 cm).

En una cacerola de 12 tazas (3L), caliente el jarabe maíz junto con la crema y haga que hiervan rápido Deje que hiervan por 3 minutos. Quite la cacerola fuego y agregue los trocitos de chocolate, revolvie hasta que se derritan. Aparte ⅔ taza (170 ml).

Agregue la mantequilla y el azúcar, revolviendo ha que se incorporen. Mezcle los huevos y la vainilla. Incorpore lentamente la harina, la sal y las nueces.

Vierta la mezcla en el molde de pizza y póngala er horno por 20 minutos o hasta que cuando inserte palillo de dientes éste salga limpio. Ponga a enfriar temperatura ambiente.

Relleno del Centro:

Ablande la gelatina en el agua, luego caliente hast que se disuelva la gelatina, quítela del calor y déje enfriar.

Haga una crema con el queso, el chocolate, la lech la vainilla. Incorpore batiendo la gelatina. Mezcle l crema batida. Vierta todo en la pizza y ponga a refrigerar por 4 horas.

Relleno de Arriba:

Incorpore la sal, la vainilla y la mantequilla en el ja de chocholate que se reservó, corte la pizza en porciones y sírvalas, poniéndoles salsa a medida q vaya sirviendo.

PRODUCE una pizza de 12" (30 cm).

Pizza de Salsa de Manzana

Ingredientes:

⅓ taza	65 g	mantequilla
1 taza	205 g	azúcar morena - de paquete
1	1	huevo
½ taza	135 g	salsa de manzana
2 cdtas	10 ml	jugo de manzana concentrado
1¼ taza	190 g	harina
1 cdta	5 ml	polvo de hornear
½ cdta	3 ml	bicarbonato de soda
½ cdta	3 ml	sal
½ taza	70 g	pasas - sin semilla
½ taza	55 g	trozos de nueces

Preparación:

Caliente la mantequilla y el azúcar en una sartén hasta que se disuelva el azúcar. Incorpore batiendo el huevo, la salsa y el jugo de manzana. Debe cernir la harina junto con el polvo de hornear, el bicarbonato de soda y la sal. Incorpórelos en la salsa de manzana. Mezcle las pasas y las nueces. Vierta todo en un molde de pizza engrasado de 12" (30 cm).

Ponga a hornear por 25 minutos en un horno precalentado a 350°F (180°C). Saque del horno y bañe con Glass de Manzana. Corte en porciones.

PRODUCE una pizza de 12" (30 cm)

Glass de Manzana

Ingredientes:

1½ taza	375 ml	azúcar de confitería
2 cdas	30 ml	jugo de manzana concentrado

Preparación:

Mezcle los ingredientes hasta que esté homogéneo y viértalos sobre la pizza.

PRODUCE una pizza de 12" (30 cm).

Esquina del Chef

Manzanas

Desde que Juanito el Manzanero sembró esas primeras semillas, las manzanas han estado cayendo en la cabeza de personas como Sir Isaac Newton. Pero se necesita más que la fuerza de la gravedad para cocinar una buena manzana. Se necesita conocer qué constituye una buena manzana para cocinar. Pruebe usar alguna de las que siguen. Todas son excelente para hacerlas al horno, en salsas, en pasteles, simplemente para comerlas. Baldwin, Empire, Red y Golden Delicious, Granny Smith, Ida Red Lodi, Macintosh, Mutsu, Russet, además de muchas otras. Para mejores resultados, escoja frutas frescas, sin magulladuras, firmes. Siempre que sea posible no pele las manzanas La piel contiene la mayor parte de su valor nutritivo.

Pizza de Arándanos y 7-Up

Ingredientes:

¾ taza	150 g	azúcar granulada
½ taza	75 g	harina de todo uso
⅛ cdta	pizca	sal
3 cdas	45 ml	mantequilla derretida
1½ cdta	8 ml	ralladura de limón
¼ taza	60 ml	jugo de limón
3	3	yemas de huevo batidas
1 taza	250 ml	7-UP®
½ taza	125 ml	leche
3	3	claras de huevo
1 taza	140 g	arándanos frescos

Relleno:

4 tazas	560 g	arándanos
¼ taza	50 g	azúcar granulada
2 cdas	30 ml	jugo de limón
6 cdas	45 g	maicena
½ taza	125 ml	jugo de manzana

Preparación:

Precaliente el horno a 350°F (180°C).

En un tazón de mezclar grande combine el azúcar, la harina, y la sal. Incorpore batiendo la mantequilla, la ralladura de limón, y el jugo de limón.

En un tazón pequeño combine los huevos, 7-UP® y la leche; agréguelos a la mezcla de harina.

Bata las claras de huevo hasta que formen picos suaves. Incorpore con cuidado las claras de huevo en la mezcla del limón, incorpore batiendo los arándanos. Ponga en un molde de hornear sin engrasar de 8" x 8" x 2" (20 x 20 x 5 cm). Colóquelo en un molde más grande en una de la parrillas del horno. Ponga agua caliente en el molde más grande hasta una altura de 1" (2,5 cm). Ponga en el horno por 35 a 40 minutos o hasta que la parte de arriba esté dorada y elástica al tocarla.

Ponga a enfriar a temperatura ambiente. Refrigere por 2 horas.

Relleno:

En una cacerola salsera, agregue los arándanos, el azúcar y el jugo de limón. Mezcle la maicena con el jugo de manzana, agréguelos a la salsa de arándanos. Cocine a fuego lento con poco calor hasta que se espese la mezcla. Deje que se enfríe, y con una cuchara, póngala a las pizzas a medida que vaya sirviendo.

PARA 6 PORCIONES

Pizza de Camino Rocoso

Ingredientes:

Masa:

½ cdta	3 ml	bicarbonato de sodio
2 cdtas	10 ml	polvo de hornear
2½ tazas	300 g	harina blanca fina
1 taza	205 g	azúcar blanca
½ taza	90 g	manteca vegetal
2	2	huevos, batidos
1 cdta	5 ml	extracto de vainilla

Relleno del Centro:

½ taza	70 g	cacahuates picados
6 oz	180 g	trocitos de chocolate semi-dulce
1 taza	50 g	malvaviscos (angelitos) en miniatura

Rellenos de Arriba:

3 oz	80 g	trocitos de dulce de mantequilla
¾ taza	100 g	azúcar de confitería
¼ taza	60 ml	agua hirviendo
1 taza	250 ml	crema de batir
1 cdta	5 ml	extracto de vainilla

Preparación:

Masa:

Pase juntos por un colador fino, el bicarbonato, el polvo de hornear y la harina. Haga una crema liviana con el azúcar y la manteca vegetal. Agregue los huevo uno por uno, hasta que estén bien incorporados. Incorpore batiendo la vainilla. Agregue gradualmente la harina hasta que se mezcle. Ponga la masa en papel encerado y enróllela. Enfríe en el refrigerador por 1 hora.

Relleno del Centro:

Precaliente el horno a 350°F (180°C). Corte la mas fría en rodajas de ¼" (6 mm) de grueso. Coloque rodajas en el fondo de un molde de pizza ligerame engrasado de 12" (30 cm). Ponga en el horno por 10-12 minutos o hasta que esté bien dorado.

Mientras la pizza esté caliente salpíquela con los cacahuates, los trocitos de chocolate y los angelito Ponga en el horno por 3-5 minutos más o hasta qu el chocolate y los angelitos se derritan.

Rellenos de Arriba:

En una cacerola doble, derrita los trocitos de dulce mantequilla. Incorpore batiendo el azúcar y el agua Quite la cacerola del calor y ponga a enfriar.

Bata la crema e incorpórela en los dulces de mantequilla. Agregue la vanilla. Póngale salsa a la pizza tibia a medida que la vaya sirviendo.

PRODUCE una pizza de 12" (30 cm).

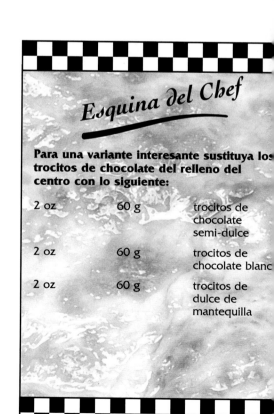

Esquina del Chef

Para una variante interesante sustituya los trocitos de chocolate del relleno del centro con lo siguiente:

2 oz	60 g	trocitos de chocolate semi-dulce
2 oz	60 g	trocitos de chocolate blanc
2 oz	60 g	trocitos de dulce de mantequilla

Pizza de Mantequilla de Cacahua

Ingredientes:

Masa:

½ cdta	3 ml	bicarbonato de sodio
2 cdtas	10 ml	polvo de hornear
2½ tazas	300 g	harina blanca fina
1 taza	205 g	azúcar blanca
½ taza	90 g	manteca vegetal
2	2	huevos, batidos
½ cdta	3 ml	extracto de vainilla
1 taza	250 ml	suero de leche

Relleno del Centro:

½ taza	125 g	mantequilla de cacahuate
3 oz	80 g	queso crema, ablandado
3 cdas	45 ml	azúcar de vainilla*
⅛ cdta	pizca	sal
3 cdas	45 ml	mantequilla suave
2 cdas	30 ml	crema liviana
1 cda	15 ml	vainilla
¼ taza	80 g	conserva de frambuesa
1-2 cdas	15-30 ml	agua
3	3	plátanos en rodajas
½ taza	70 g	cacahuates picados

Relleno de Arriba:

1 lb	454 g	frambuesas frescas
2 cdas	30 ml	jugo de limón
3 cdas	45 ml	azúcar
3 oz	80 g	chocolate semi-dulce rallado
1 cda	15 ml	mantequilla

Preparación:

Masa:

Pase juntos por un colador fino, el bicarbonato, el polvo de hornear y la harina. Haga una crema liviana con el azúcar y la manteca vegetal. Agregue los huevos uno por uno, hasta incorporarlos todos. Incorpore la vainilla. Alternando tercios, incorpore batiendo la harina y el suero de leche. Ponga la masa en papel encerado y enróllela. Enfríe en el refrigerador por 1 hora.

Precaliente el horno a 350°F (180°C). Corte la masa fría en rodajas de ¼" (6 mm) de grueso. Coloque las rodajas en el fondo de un molde de pizza ligeramente engrasado de 12" (30 cm). Ponga en el horno por 10-12 minutos o hasta q esté bien dorado. Deje que se enfríe a temperatura ambiente.

Relleno del Centro:

En un procesador de alimentos con la cuchilla y tazón enfriados, haga una crema con la mantequilla de cacahuate y el queso crema. Agregue el azúcar de vainilla, la sal, la mantequilla y la vainilla. Bata hasta que la mezc esté liviana.

Mezcle el agua suficiente con la conserva de frambuesa para que se pueda untar con facilidad Untela en el fondo de la corteza.

Cubra con la mezcla de crema. Enfríe en el refrigerador por 1-2 horas. Coloque los plátanos encima y salpique con los cacahuates picados.

Relleno de Arriba:

Mientras la pizza se está enfriando, haga puré la frambuesas en un procesador de alimentos. Páselas apretando por un colador (para sacar las semillas), sobre una cacerola pequeña.

Agregue el jugo de limón y el azúcar, lleve a ebullición. Reduzca la temperatura y cocine a fuego lento hasta obtener 1 taza (250 ml). Incorpore el chocolate. Quite del calor e incorpore batiendo la mantequilla. Ponga a enfria a temperatura ambiente. Póngale a la pizza cuando la sirva.

PRODUCE una pizza de 12" (30 cm).

* Si no puede encontrar azúcar de vainilla en la tienda, la puede hacer poniendo 1-2 vainitas d vainilla en 2 tazas (410 g) de azúcar blanca. Póngalas en un recipiente hermético y guárdel por 2 semanas en un lugar oscuro y fresco.

Pizza de Tarta de Mantequil...

Ingredientes:

½ taza	100 g	mantequilla
1 taza	150 g	harina
1¾ taza	270 g	azúcar morena
2	2	huevos-batidos
½ taza	75 g	harina de avena
¼ cdta	1 ml	sal
½ cdta	3 ml	polvo de hornear
1 cdta	5 ml	vainilla
½ taza	55 g	nueces - partidas
½ taza	75 g	pasas

Preparación:

Mezcle la mantequilla con la harina y 2 cdas (30 ml) de azúcar. Póngalas apretando un molde de pizza enmantequillado de 12" (30 cm). Ponga en un horno precalentado a 350°F (180°C), por 15 minutos.

Bata los huevos con el resto del azúcar. Incorpore la harina de avena, la sal y el polvo de hornear. Mezcle bien. Incorpore batiendo la vainilla, las nueces y las pasas.

Vierta la mezcla en la corteza y póngala de vuelta en el horno por 20 minutos más. Deje que se enfríe antes de cortar en porciones.

PRODUCE una pizza de 12" (30 cm).

Pizza de Rodajas de Plátano

Ingredientes:

Galleta:

½ taza	100 g	mantequilla
½ taza	125 ml	aceite
1 taza	250 ml	agua
4 cdas	60 ml	cocoa sin endulzar
2 tazas	300 g	harina de todo uso
2 tazas	410 g	azúcar granulada
2	2	huevos
1 cdta	5 ml	bicarbonato de sodio
½ taza	125 ml	suero de leche
1 cdta	5 ml	extracto de vainilla

Rellenos:

8 oz	225 g	queso crema ablandado
⅔ taza	170 ml	leche condensada dulce
1 cdta	5 ml	extracto de vainilla
1 taza	155 g	rodajas de plátano
20	20	fresas grandes frescas, limpias, sin cáliz
10 oz	280 g	trocitos de chocolate
1 cda	15 ml	mantequilla

Preparación:

Precaliente el horno a 350°F (180°C). Engrase y enharine un molde de hornear de 9" x 13" (23 x 33 cm).

Mezcle la mantequilla, el aceite, el agua y la cocoa una cacerolita salsera. Lleve a ebullición. Agregue harina y el azúcar y bata hasta tener una mezcla homogénea y fina.

Agregue los huevos, el bicarbonato de sodio, el su de leche y la vainilla. Mezcle bien. Vierta la mezcla el molde de hornear preparado. Póngalo en el hor por 20 minutos. Deje que se enfríe a temperatura ambiente.

Bata el queso crema hasta que esté muy liviano. Agregue lentamente la leche hasta que la mezcla muy liviana. Incorpore batiendo el jugo y la vainilla Ponga a refrigerar hasta que se espese. Con una cuchara, ponga la mezcla en la corteza y adorne co los plátanos y las fresas.

Derrita el chocolate y la mantequilla en una cacero doble y rocíe con ellos la pizza. Refrigere por 45 minutos. Sirva.

PRODUCE 24 rodajas

Esquina del Chef

Para evitar que los plátanos o cualquier otra fruta se oxide (se pongan de color café), rocíe las rodajas de fruta con una cantidad pequeña de jugo de limón o de agua con azúcar.

Pizza de Honolulu

Ingredientes:

Corteza:

1½ taza	310 g	azúcar
4	4	huevos - batidos
½ taza	125 ml	mantequilla derretida
1½ taza	225 g	harina
½ taza	50 g	coco desmenuzado
¾ taza	95 g	nueces de macadamia - trocitos
½ cdta	3 ml	bicarbonato de sodio
½ cdta	3 ml	sal
2 tazas	480 g	piña desmenuzada escurrida

Relleno:

1 taza	250 ml	crema de batir
¼ taza	35 g	azúcar de confitería
2½ tazas	615 g	piña desmenuzada con jugo
3 oz	80 g	pudín instantáneo de piña o vainilla

Preparación:

Corteza:

En un tazón de mezclar, bata el azúcar incorporándola con los huevos. Bata la mantequilla. Incorpore los ingredientes restantes. Vierta la mezcla en un molde de pizza engrasado de 12" (30 cm).

Ponga en un horno precalentado a 350°F (180°C), por 30-35 minutos. Deje que se enfríe totalmente.

Relleno:

Bata la crema hasta que forme picos suaves. Incorpore batiendo el azúcar de confitería. Bata la piña junto con el pudín hasta que se asiente. Incorpore la crema de batir. Con una cuchara, ponga la mezcla en la corteza de pizza. Corte en porciones y sirva.

PRODUCE una pizza de 12" (30 cm)

Pasta

Los orígenes exactos de la pasta son desconocidos. Cada nación del mundo tiene en su cocina alguna clase de recetas que utilizan "tiras de pasta". La pasta ha dejado su marca en cocinas tan antiguas como la de la Dinastía Ming de la China. Se cree que Marco Polo introdujo "fideos" en Italia cuando regresó de lugares distantes de Asia, durante su expedición del siglo XIII a China.

Sin embargo, la pasta ya se conocía en Italia antes de eso. El príncipe Teodorico de la tribu teutónica del área Vistual, invadió Italia alrededor del año 405 A.D. y trajo consigo una clase de fideo. Aun más, hay evidencia de que los fideos ya existían desde antes.

La Roma imperial tenía un fideo muy parecido fideo Tagliatelle (fideos de 1" (2,5 cm) de anch también llamados Mafalda), que se conocía com Laganum. Lo que se sabe es que después del regreso de Marco Polo, el fideo se convirtió en comida popular del pueblo italiano. De Italia el de pasta (tagliarini) se diseminó por toda Europ se convirtió en los "nouilles" de Francia, los "fid de España, los "nudein" de Alemania y el "noo de Inglaterra.

Hoy en día, la pasta ha llevado al mundo a nue expediciones culinarias, y este munco ya nunca estará satisfecho limitándose solamente a salsas base a tomate y crema.

, en el Libro de Recetas Originales de Pizza y
, le estamos ofreciendo una variedad de platos
s y creativos que Marco Polo nunca hubiera
do que fueran posibles. Platos como el Radiatore
iterráneo o el Lingüini de Mariscos con Pesto de
ento Dulce Rojo, que hubieran encantado al
uo explorador, tal como lo harán con sus
dos.

odo este libro, hemos incluído pastas para
meses, sopas, platos fuertes y aun para postres.
con estas presentaciones de pasta se puede
una comida gourmet completa de cinco platos.

Aunque usted crea que sólo se puede soñar en algo
como pastas de chocolate, en realidad se encuentran
en estas páginas. Ofrézcale a sus invitados el Cannoli
Expresso con Salsa de Café y Chocolate. O mejor
aun, use cualquiera de nuestras 15 diferentes masas
de pasta y póngase a crear sus propios platos de
pasta en base a su propio carácter. De una cosa
usted puede estar absolutamente seguro/a, y es que
los resultados finales ofrecerán una experiencia de
comer que no tiene comparación.

Radiatore Mediterráneo

Ingredientes:

12 oz	345 g	radiatore
1 taza	160 g	corazones de alcachofa marinados, escurridos
12 oz	345 g	pechugas de pollo, sin hueso, sin piel
2 cdas	30 ml	aceite de oliva
2 cdas	30 ml	harina de todo uso
½ taza	125 ml	crema espesa
1½ taza	350 g	tomates cocidos
2 cdas	30 ml	perejil fresco picado
2 cdtas	10 ml	albahaca fresca picada
1 cdta	5 ml	mostaza de Dijon con semillas
¼ lb	115 g	prosciutto en tiras finas
3 cdas	45 ml	aceitunas negras maduras, en rodajas
		sal y pimienta recién triturada al gusto
¼ taza	30 g	queso Romano rallado

Preparación:

Prepare la pasta de acuerdo a las instrucciones en el paquete. Mientras la pasta se está cociendo, exprima toda el agua que pueda de los corazones de alcachofa, y córtelos en mitades a lo largo.

Corte el pollo en cubos de 1" (2,5 cm).

Caliente el aceite en una sartén grande a fuego mediano. Agregue el pollo y los corazones de alcachofa. Sofría revolviendo frecuentemente, hasta que el pollo se dore, unos 6 minutos.

Espolvoree el pollo con la harina, baje el calor y cocine por 2 minutos. Agregue la crema y cocine a fuego lento hasta que la salsa se espese. Agregue los tomates, el perejil, la albahaca y la mostaza. Lleve a ebullición, reduzca la temperatura y cocine a fuego lento hasta que la salsa se reduzca a la mitad de su volumen. Incorpore el prosciutto.

Escurra la pasta y regrésela a su cacerola. Póngale la salsa y agregue las aceitunas. Pruebe los condimentos y ajuste con sal y pimienta si es necesario.

Sirva en tazones calientes y salpique con el queso.

PARA 4 PORCIONES

Salsa:

Ingredientes:

1 cda	15 ml	mantequilla sin sal
3 oz	80 g	champiñones rodajas
½ lb	225 g	carne de pollo ahumada, coci en cubitos
6	6	tomates secos sol, picados grueso
3 tazas	750 ml	Salsa Mornay (vea la página

Preparación:

Caliente la mantequilla en una cacerola salsera. Po a sofreír los champiñones en la mantequilla. Agre el pollo, los tomates y la Salsa Mornay, baje el fu Cocine a fuego lento por 10 minutos.

PARA 6 PORCIONES

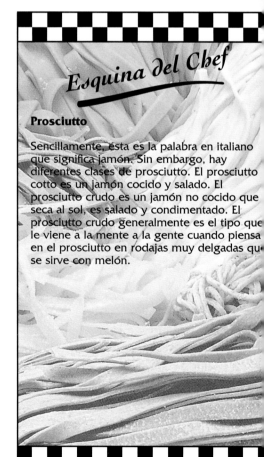

Esquina del Chef

Prosciutto

Sencillamente, ésta es la palabra en italiano que significa jamón. Sin embargo, hay diferentes clases de prosciutto. El prosciutto cotto es un jamón cocido y salado. El prosciutto crudo es un jamón no cocido que seca al sol, es salado y condimentado. El prosciutto crudo generalmente es el tipo que le viene a la mente a la gente cuando piensa en el prosciutto en rodajas muy delgadas que se sirve con melón.

Lingüini de Mariscos
con Pesto de Pimientos Dulces Rojos Asados

Ingredientes:

1 lb	454 g	Pasta comercial o 1 tanto de nuestra receta de Masa de Pasta Básica (vea la página 78)
½ lb	225 g	tubos de calamar limpios, en rodajas
½ lb	225 g	camarones pelados y desvenados
¼ cdta	1 ml	ajo en polvo
¼ cdta	1 ml	cebolla en polvo
1 cdta	5 ml	hojas de orégano
½ cdta	3 ml	pimienta negra triturada
½ cdta	3 ml	sal
1	1	diente de ajo
1 taza	235 g	pimientos dulces rojos asados, en cubitos
¼ taza	60 ml	aceite de oliva
1 cda	15 ml	hojas de albahaca
3 cdas	45 ml	perejil
3 oz	80 g	queso Romano recién rallado
2 cdas	30 ml	piñones
3 cdas	45 ml	mantequilla

Preparación:

Prepare la pasta de acuerdo a las instrucciones. Córtela en forma de lingüinis.

Ponga los calamares y los camarones en un tazón de mezclar grande, salpíquelos con los condimentos.

En un procesador de alimentos o licuadora, haga puré el ajo y los pimientos dulces, en el aceite. Agregue la albahaca, el perejil, el queso Romano y los piñones. Continúe haciendo puré.

Caliente la mantequilla en una sartén grande y agregue los mariscos, sofríalos por 5-6 minutos.

Mientras los mariscos se cocinan, ponga a hervir el lingüini en una cacerola con agua salada hirviendo, hasta que esté "al dente". Escurra el lingüini y revuélvalo con pesto. Póngalo en platos de servir. Cúbralo con los mariscos y sirva.

PARA 6 PORCIONES

Lasaña de Calabacín Italiano
con Cinco Quesos

Ingredientes:

Salsa:

3 cdas	45 ml	aceite de oliva
1	1	diente de ajo picado fino
1	1	cebolla mediana en cubitos finos
2	2	tallos de apio en cubitos finos
2	2	calabacín italiano pequeño, en cubitos finos
4 oz	120 g	champiñones en rodajas
1 cdta	5 ml	de cada una: sal, hojas de albahaca
½ cdta	3 ml	de cada una: hojas de tomillo, hojas de orégano, paprika, pimienta
¼ cdta	1 ml	pimienta de Cayena
3 lbs	1,5 kg	tomates pelados, sin semillas, picados

Pasta:

2 lbs	900 g	Masa de Pasta Verde comercial o 1 tanto de nuestra receta (vea la página 110)
1 taza	225 g	queso Ricotta
1 taza	100 g	queso Cheddar rallado
1 taza	100 g	queso Monterey Jack rallado
¼ taza	30 g	queso Romano rallado
¼ taza	30 g	queso Parmesano rallado
3 cdas	45 ml	cebollines picados
1 cdta	5 ml	hojas de albahaca
½ cdta	3 ml	de cada una: pimienta negra triturada, sal
2	2	huevos

Preparación:

Salsa:

Caliente el aceite en una cacerola salsera grande. Agregue el ajo, la cebolla, el apio, el calabacín ita y los champiñones. Sofríalos hasta que se ablande

Agregue los condimentos y los tomates. Cocine a fuego lento a calor bajo por 3 horas o hasta que s obtenga el espesor deseado.

Pasta:

Procese la pasta según las instrucciones. Córtela e forma de fideos para lasaña. Ponga a cocer la pas en 8 tazas (2L) de agua salada hirviendo, escúrral enjuáguela en agua fría del grifo.

En un tazón de mezclar, combine los quesos con condimentos y los huevos.

Con una cuchara, ponga la mezcla en los fideos y enróllelos.

Colóquelos en un molde de hornear. Cúbralos col salsa. Póngalos en un horno precalentado a 375° (190°C), por 30 minutos, tapado. Quite la tapa y continúe horneando 15 minutos más. Sirva.

PARA 6 PORCIONES

Esquina del Chef

Siempre precaliente el horno antes de horne o asar. Esto asegurará que sus tiempos de cocción sean precisos y apropiados.

Ingredientes:

1 lb	454 g	fideos penne
1 cda	15 ml	aceite vegetal
1	1	cebolla mediana picada
1	1	diente de ajo picado fino
1	1	jalapeño, sin semillas, picado
½ lb	225 g	chorizo en cubitos
1 cdta	5 ml	sal
½ cdta	3 ml	pimienta
1 cdta	5 ml	salsa inglesa
3 cdas	45 ml	chile en polvo
1 cdta	5 ml	comino
1 cdta	5 ml	orégano seco
3 tazas	700 g	tomates cocidos
1 lb	454 g	pechuga de pollo, sin huesos, sin piel, cocida, en tiras finas
6	6	conchas de tortilla
1 taza	100 g	queso Monterey Jack rallado
1 taza	240 g	salsa de tomate
½ taza	120 g	salsa de guacamole
½ taza	120 g	crema ácida
¼ taza	30 g	aceitunas maduras

Preparación:

Precaliente el horno en la función de asar.

Prepare la pasta de acuerdo a las instrucciones en el paquete.

Mientras la pasta se esté cociendo, caliente el aceite en una cacerola mediana a calor medio. Agregue la cebolla, el ajo, el jalapeño y el chorizo, sofría hasta que el chorizo esté bien cocido. Agregue la sal, la pimienta, la salsa inglesa, el chile en polvo, el comino, el orégano y los tomates.

Incorpore el pollo. Cocine a fuego lento hasta que esté un poco espeso, unos 15 minutos. Incorpore la pasta y continúe cocinando a fuego lento 5 minutos más.

Ponga la mezcla con una cuchara en las conchas de tortilla y colóquelos en una lata de hornear. Salpique con el queso y ponga a asar en el horno hasta que esté bien dorado.

Coloque las conchas de tortilla en platos de servir y póngales encima la salsa, el guacamole, la crema ácida y las aceitunas.

PARA 6 PORCIONES

Conchas Rellenas de Nueva Orleá...

Ingredientes:

24	24	conchas de pasta tamaño gigante
2 cdtas	10 ml	aceite vegetal
1	1	cebolla mediana picada
½ lb	225 g	carne magra molida
½ lb	225 g	salchicha de Andouille
1 cdta	5 ml	chile en polvo
1- 4oz	1-115 g	lata de chiles verdes, picados, escurridos
1 taza	225 g	queso Ricotta
1 taza	100 g	queso Monterey Jack rallado
3½ tazas	875 ml	Salsa Creole

Preparación:

Prepare la pasta de acuerdo a las instrucciones en el paquete, escúrrala. Manténgala en agua fría.

Caliente el aceite en una cacerola mediana, agregue la cebolla, la carne molida y la carne de salchicha; cocine a calor medio hasta que se dore. Quite del fuego y escurra el exceso de grasa. Agregue a la mezcla de carnes el chile en polvo, los chiles verdes picados, el queso Ricotta, ½ taza (50 g) de queso Monterey Jack rallado y ½ de la mezcla de Salsa Creole.

Precaliente el horno a 350°F (180°C).

Ponga la mitad de la Salsa Creole en el fondo de una bandeja de hornear de 13 x 9 x 2 pulg (33 x 23 x 5 cm). Rellene cada concha cocida con 2 cucharadas de la mezcla de carne y queso, y ponga las conchas en la bandeja de hornear.

Ponga encima de las conchas el resto de la Salsa Creole. Cubra con papel de aluminio y ponga en el horno por 20-30 minutos. Quite el papel de aluminio, agregue la ½ taza (50 g) restante del queso Monterey Jack y ponga en el horno, sin tapar, por 5 minutos más o hasta que se derrita el queso. Sirva inmediatamente.

PARA 6 PORCIONES

Salsa Creole

Ingredientes:

3 cdas	45 ml	aceite de girasol
3	3	cebollas en cubitos finos
2	2	pimientos dulces verdes en cubitos fino
3	3	tallos de apio en cubitos fine
20	20	tomates, pelados, sin semillas, picados
2 cdtas	10 ml	sal
2 cdtas	10 ml	paprika
1 cdta	5 ml	ajo en polvo
1 cdta	5 ml	cebolla en polvo
1 cdta	5 ml	pimienta de Cayena
½ cdta	3 ml	pimienta blan
½ cdta	3 ml	pimienta negr
1 cdta	5 ml	hojas de albahaca seca
½ cdta	3 ml	hojas de orégano seco
½ cdta	3 ml	hojas de tomillo seco
6	6	cebollas verde en cubitos
1	1	manojo de perejil picado

Preparación:

Caliente el aceite en una cacerola grande. Sofría las cebollas, los pimientos dulces verde y el apio hasta que se pongan suaves. Agregue los tomates y los condimentos, cociendo a fuego lento hasta lograr el espeso deseado (unas 4 horas). Agregue las cebollas verdes y el perejil. Cocine a fuego lento 15 minutos más. La Salsa ya está lista para usarse.

PRODUCE 4-6 tazas (1-1,5 L)

Langosta Mafalda

Ingredientes:

1½ lb	675 g	Masa de Pasta Básica comercial o 1 tanto de nuestra receta (vea la página 78), cortada en tiras de 1" (2,5 cm) de ancho
3 cdas	45 ml	mantequilla sin sal
4 oz	120 g	champiñones en rodajas
3 cdas	45 ml	harina de todo uso
1½ taza	375 ml	caldo de pollo (vea la página 146)
½ taza	125 ml	leche 50% crema
1 lb	454 g	carne de langosta cocida, en cubitos
½ taza	60 g	queso Parmesano recién rallado
½ taza	60 g	queso Romano recién rallado

Preparación:

Ponga a cocer los fideos mafalda en una olla grande con agua salada hirviendo. Escúrralos. Enjuáguelos con agua fría del grifo y póngalos aparte.

Caliente la mantequilla en una cacerola salsera. Sofría los champiñones en la mantequilla. Agregue la harina. Cocine por 2 minutos a calor bajo. Agregue el caldo de pollo y la crema. Cocine a fuego lento hasta que se espese.

Agregue la langosta y la mitad del queso.

Ponga los fideos en una bandeja de hornear engrasada. Echele salsa a los fideos. Salpique con el resto del queso. Ponga en un horno precalentado a 325°F (160°C), por 30 minutos o hasta que se dore un poco. Sirva inmediatamente.

PARA 6 PORCIONES

Camarón Negro
con Lingüini de Pimienta Negra

Ingredientes:

Cocine este plato afuera en su barbacoa de gas; produce mucho humo.

¾ lb	340 g	Masa de Pasta de Pimienta Negra Triturada comercial o 1 tanto de nuestra receta
1 lb	454 g	camarones grandes, pelados y desvenados
1 cda	15 ml	de cada una: sal, chile en polvo
1 cdta	5 ml	de cada una: hojas de tomillo, hojas de orégano, albahaca, pimienta negra, paprika, perifollo
½ cdta	3 ml	de cada una: pimienta blanca, pimienta de Cayena
¼ taza	60 ml	aceite de girasol
⅓ taza	65 g	mantequilla
3	3	dientes de ajo picados fino
3 cdas	45 ml	jugo de limón
½ taza	65 g	queso Parmesano rallado
2 cdas	30 ml	perejil fresco picado

Preparación:

Prepare la pasta de acuerdo a las instrucciones. Córtela en forma de lingüinis.

Enjuague el camarón en agua fría. Escúrralo. Mezcle los condimentos. Salpique el camarón con los condimentos. Caliente mucho el aceite hasta que llegue casi a producir humo. Ponga a freír el camarón en el aceite caliente por 3 minutos. Páselo a una fuente y consérvelo.

Ponga a cocer la pasta en una olla grande con agua salada hirviendo. Mientras la pasta se está cociendo, caliente la mantequilla en una sartén. Agregue el ajo y el jugo de limón. Cocine por 3 minutos. Escurra la pasta y póngale encima la mantequilla. Salpique con queso y revuelva para que se unte bien.

Ponga la pasta en platos de servir y cúbrala con el camarón. Salpique con perejil. Sirva.

PARA 4 PORCIONES

Pasta de Pimienta Negra Triturada
Ingredientes:

1 cda	15 ml	pimienta negra recién triturada
3	3	huevos, batidos
2 tazas	330 g	harina de sémola
		agua con hielo sólo si se necesita

Preparación:

En un tazón de mezclar, combine la pimienta con los huevos. Agregue lentamente la harina. Amase hasta que tenga una pelota suave (agregue cantidades pequeñas de agua fría si es necesario).

Amase por 15 minutos y deje reposar la masa 15 minutos más. Pásele el rodillo. Espolvorée con un poco de harina, dóblela en tres y pásele de nuevo el rodillo. Repita de 6 a 8 veces.

Luego pase la masa por la máquina de pasta, ajustando los rodillos internos gradualmente hasta lograr el ancho deseado. El resultado debe ser una lámina homogénea de masa, lista para prepararla como usted desee.

PARA 4 PORCIONES

Esquina del Chef

Chile en polvo

El chile en polvo es una mezcla de diferentes pimientos de la familia Capsicum, los que tienen diferentes grados de picor.

Soong de Carne de Cerdo

Ingredientes:

¾ lb	345 g	lomito de cerdo
3 cdas	45 ml	aceite de cacahuate
½ lb	225 g	camarón
¾ taza	140 g	brotes de bambú
½ taza	80 g	castañas de agua, en rodajas finas
1 taza	145 g	chícharos
¾ taza	180 ml	caldo de pollo (vea la página 146)
3 cdas	45 ml	Jerez
3 cdas	45 ml	salsa de soya liviana
1 cda	15 ml	miel
2 cdtas	10 ml	maicena
¾ lb	340 g	Masa de Pasta de Huevo comercial o 1 tanto de nuestra receta (vea la página 122)

Preparación:

Corte la carne de cerdo en cubos de ¾" (2 cm).

Caliente el aceite en un wok o una sartén grande. Sofría el cerdo con el camarón hasta que estén bien cocidos. Agregue el bambú, las castañas de agua y los chícharos. Fría volteando, por 2 minutos.

Mezcle el caldo, el Jerez, la salsa de soya, la miel y la maicena. Agregue esta mezcla a la mezcla de cerdo frito.

Mientras el cerdo se está friendo, hierva 2 litros de agua salada en una olla. Ponga a cocer los fideos por 2-3 minutos. Escúrralos. Páselos a un platón de servir.

Póngales encima la fritura. Sirva.

PARA 6 PORCIONES

Espagueti a la Granseola

Ingredientes:

1 lb	454 g	Masa de Pasta Básica comercial o 1 tanto de nuestra receta
2 cdas	30 ml	aceite de oliva
2	2	dientes de ajo picados fino
1	1	cebolla pequeña en cubitos
1 cdta	5 ml	chiles rojos machacados
1 cda	5 ml	albahaca fresca picada
2 tazas	320 g	tomates pelados, sin semillas, en cubitos
1 lb	454 g	carne de cangrejo Dungeness
2 cdas	30 ml	mantequilla
2 cdas	30 ml	harina de todo uso
1 taza	250 ml	leche
½ cdta	3 ml	sal
½ cdta	3 ml	pimienta blanca
⅛ cdta	pizca	nuez moscada
¼ taza	25 g	queso Cacciocavallo duro rallado

Preparación:

Prepare la pasta de acuerdo a las instrucciones y córtela en forma de fideos de espagueti.

Caliente el aceite en una cacerola salsera, agregue el ajo y la cebolla, sofríalos hasta que estén suaves. Agregue los chiles, la albahaca y los tomates, reduzca el calor y cocine a fuego lento por 20 minutos. Incorpore la carne de cangrejo.

Caliente la mantequilla en otra cacerola, agregue la harina y cocine a fuego bajo por 2 minutos. Incorpore batiendo la leche y los condimentos, cocine a fuego lento hasta espesar. Ponga la salsa de crema en la salsa de tomate y mézclas.

Mientras las salsas se están cociendo, ponga a cocer la pasta en 8 tazas (2 L) de agua salada hirviendo, hasta que esté "al dente". Escúrrrala. Póngala en platos de servir, báñela con salsa y salpique con el queso.

PARA 6 PORCIONES

Masa de Pasta Básica

Ingredientes:

4 tazas	660 g	harina de sémola
½ cdta	3 ml	sal
4	4	huevos
1 cda	15 ml	aceite
⅓ taza	80 ml	agua fría con hielo

Preparación:

Pase por un colador fino la harina y la sal. Póngalas en un tazón de mezclar. Incorpore lentamente los huevos, uno por uno. Agregue lentamente el aceite y el agua hasta que tenga una masa suave y homogénea.

Amásela 15 minutos y déjela reposar 15 minuto más. Pásele el rodillo. Espolvoréela con un poco de harina, dóblela en tres y pásele otra vez el rodillo.* Repita de 6 a 8 veces.

Luego pase la masa por la máquina de pasta, ajustando los rodillos internos gradualmente hasta lograr el ancho deseado. El resultado debe ser una lámina homogénea de masa, list para prepararla como usted desee.

Corte la pasta al tamaño deseado utilizando una máquina de pasta o con la mano. Si la corta a mano solamente pásele el rodillo y córtela en tiras delgadas para hacer fideos (fetuccinis) o en tiras más anchas para hacer lasaña, canelones, raviolis, etc.

* Use solamente la harina necesaria para que no se pegue cuando le pase el rodillo.

PARA 6 PORCIONES

Wong Doble de Vieiras y Camaro

Ingredientes:

¾ lb	340 g	Masa de Pasta de Huevo comercial o 1 tanto de nuestra receta (vea la página 122)
4 cdas	60 ml	aceite de cacahuate
½ lb	225 g	camarón pelado y desvenado
½ lb	225 g	vieiras de bahía
3 oz	80 g	champiñones en rodajas finas
½ taza	70 g	cebolla en cubitos finos
½ taza	70 g	apio en cubitos finos
1 cda	15 ml	salsa de soya liviana
2 cdas	30 ml	Jerez

Preparación:

Ponga a cocer los fideos en una olla. Escúrralos y póngalos aparte.

En un wok o una sartén grande, caliente 2 cdas (30 ml) de aceite. Cocine rápidamente el camarón, las vieiras y las verduras. Agregue el resto del aceite. Cocine por 1 minuto más. Agregue los fideos y fríalos rápidamente por un lado. Déles vuelta y fríalos por un minuto. Agrégueles la salsa de soya y el Jerez, continúe friendo por 1 minuto. Páselos a un plato de servir.

Sirva inmediatamente.

PARA 6 PORCIONES

Lingüini de Pollo con Champiñones y Tom[...]

Ingredientes:

1 lb	454 g	Masa de Pasta Básica comercial o 1 tanto de nuestra receta (vea la página 78)
2 cdas	30 ml	aceite de oliva
1	1	cebolla picada
1	1	diente de ajo picado fino
1 lb	454 g	champiñones en rodajas
1 cda	15 ml	tomillo fresco picado
¼ cdta	1 ml	nuez moscada
2 cdas	30 ml	harina de todo uso
2 tazas	500 ml	crema liviana
¼ lb	120 g	pollo cocido, en cubitos
½ taza	25 g	perejil fresco picado
¾ cdta	4 ml	sal
½ cdta	3 ml	pimienta triturada

Preparación:

Prepare la pasta de acuerdo a las instrucciones y córtela en forma de fideos de lingüini.

Caliente el aceite en una sartén grande, a calor medio; cocine la cebolla y el ajo hasta que estén transparentes. Agregue los champiñones, el tomillo y la nuez moscada; continúe cocinando sin tapar for 5 minutos. Salpique con la harina; cocine, revolviendo por 1 minuto. Incorpore batiendo gradualmente la crema; cocine, revolviendo hasta espesar.

Ponga a cocer el lingüini en 8 tazas (2 L) de agua salada hirviendo, hasta que esté "al dente", escúrralo.

Revuelva el lingüini con la salsa, el pollo, ⅓ taza (20 g) del perejil, sal y pimienta. Páselo a un platón; adorne con el perejil restante.

PARA 6 PORCIONES

Caldo de Carne

Ingredientes:

2 lbs	1 kg	huesos de res con carne
¼ taza	60 ml	aceite de oliva
10 tazas	2,5 L	agua fría
2	2	tallos de apio, picados grueso[...]
2	2	zanahorias grandes, picad[...] grueso
1	1	cebolla picada grueso
1	1	ramito de hierbas (bouque[...] garni)** (vea la página 146)
1 cdta	3 ml	sal

Preparación:

Coloque los huesos en un asador y cúbralos con aceite. Ponga en un horno precalentado a[...] 350°F (180°C), por 1 hora o hasta que los huesos se doren bien. Páselos a una olla grande.

Agregue el agua y los ingredientes restantes. Cocine a fuego lento, sin tapar, por 3-4 horas, y descarte todas las impurezas que suban a la superficie.

Quítele la carne a los huesos (guárdela y úsela[...] según la necesite). Tire los huesos, el ramito d[...] hierbas y las verduras. Pase el caldo por una muselina o un colador fino.

Ponga el caldo a refrigerar y quítele toda la grasa de la superficie.

Déjelo en refrigeración por 24 horas antes de usarlo. Uselo para sopas y salsas, o como desee.

PRODUCE 4-6 tazas (1-1,5 L)

Vermicelli con Cerdo y Camarón

Ingredientes:

¾ lb	345 g	vermicelli
3 cdas	45 ml	aceite de cacahuate *
2 cdtas	10 ml	jengibre picado fino
1	1	diente de ajo picado fino
1 lb	454 g	carne de cerdo, desmenuzada
½ lb	225 g	camarón
4 oz	120 g	champiñones en rodajas
3 cdas	45 ml	salsa de ostras
½ cdta	3 ml	pimienta de Cayena
2 cdas	30 ml	salsa de soya
1 cda	15 ml	Jerez
2 cdtas	10 ml	maicena

Preparación:

Cocine los fideos en una olla grande con agua salada hirviendo. Escúrralos y póngalos aparte.

Caliente el aceite en un wok. Fría rápidamente el jengibre y el ajo. Agregue la carne de cerdo, el camarón y los champiñones. Cocínelos bien. Agregue los fideos. Fríalos 1 minuto por lado.

Mezcle la salsa de ostras, la pimienta de Cayena, la salsa de soya, el Jerez y la maicena. Póngale la mezcla a los fideos vermicelli. Fría por 2 minutos más.

Sirva inmediatamente.

PARA 6 PORCIONES

* Use aceite de girasol si desea

Espagueti al Estilo del Chef

Ingredientes:

1 lb	454 g	Masa de Pasta Básica comercial o 1 tanto de nuestra receta (vea la página 78)
3 cdas	45 ml	aceite de oliva
10 oz	280 g	carne extra-magra molida
4 oz	120 g	prosciutto en rodajas finas
4 oz	120 g	carne de salchicha italiana picante
1	1	cebolla española en cubitos finos
2	2	pimientos dulces verdes, en cubitos finos
2	2	tallos de apio en cubitos finos
2	2	dientes de ajo picados fino
½ taza	25 g	perejil fresco picado
¼ taza	65 g	pasta de tomate
2 tazas	500 ml	Salsa Marinara (vea la página 180)
1 ½ taza	375 ml	vino tinto
1 cdta	5 ml	sal
½ cdta	3 ml	orégano
½ cdta	3 ml	tomillo
½ cdta	3 ml	albahaca
½ cdta	3 ml	pimienta negra
1	1	hoja de laurel
1 cdta	5 ml	salsa inglesa
4 tazas	1 L	agua salada
⅓ taza	45 g	queso Parmesano rallado

Preparación:

Prepare la pasta de acuerdo a las instrucciones y córtela en forma de espaguetis.

Caliente el aceite en una sartén grande. Fría bien l. carnes. Escurra el exceso de aceite. Agregue las verduras y continúe cociendo hasta que éstas se ablanden.

Agregue el perejil, la pasta de tomate, la Salsa Marinara, el vino, los condimentos y la salsa ingles Reduzca el calor y cocine a fuego lento por 30 minutos. Tire la hoja de laurel.

Cocine el espagueti en una olla grande con agua salada hirviendo, hasta que esté "al dente". Escúrr y póngalo en platos de servir. Con una cuchara, póngale salsa encima y salpíquelo con el queso Parmesano. Sirva inmediatamente.

PARA 4 PORCIONES

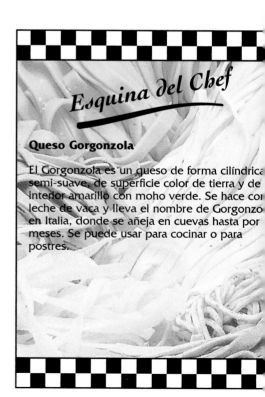

Esquina del Chef

Queso Gorgonzola

El Gorgonzola es un queso de forma cilíndrica semi-suave, de superficie color de tierra y de interior amarillo con moho verde. Se hace con leche de vaca y lleva el nombre de Gorgonzo en Italia, donde se añeja en cuevas hasta por meses. Se puede usar para cocinar o para postres.

Pappardelle a la Pamela

Ingredientes:

4 cdas	60 ml	mantequilla
1 taza	70 g	champiñones Porcini en rodajas
4 cdas	60 ml	harina de todo uso
2 tazas	500 ml	leche
½ cdta	3 ml	sal
½ cdta	3 ml	pimienta blanca
⅛ cdta	pizca	nuez moscada
3 oz	90 g	prosciutto en rodajas
½ taza	75 g	chícharos pelados
¼ taza	35 g	queso Parmesano rallado
1 lb	454 g	fideos pappardelle negros *

Preparación:

Derrita la mantequilla en una cacerola salsera. Sofría los champiñones. Agregue la harina y revuélvala hasta hacer una pasta (roux). Cocínela por 2 minutos a calor bajo.

Agregue la leche y revuélvala. Cocine a fuego lento hasta que se espese. Agregue los condimentos y cocine a fuego lento 2 minutos más. Incorpore el prosciutto, los chícharos y el queso, cocine a fuego lento 5 minutos más.

Mientras la salsa se está cocinando, ponga a cocer el pappardelle en 8 tazas (2 L) de agua salada hirviendo, hasta que esté "al dente". Escurra los fideos y póngalos en un plato de servir; báñelos con salsa. Sirva.

PARA 6 PORCIONES

* Los fideos negros se hacen con la tinta producida por un calamar.

Trumpetti Campanola

Ingredientes:

2	2	pimientos dulces amarillos
1 lb	454 g	carne de salchicha italiana picante
2 cdas	30 ml	aceite de oliva
1	1	cebolla española grande
1 taza	165 g	alcachofas marinadas, en cuartos
3 oz	90 g	champiñones Porcini en rodajas
2 tazas	320 g	tomates pelados, sin semillas, en cubitos
2 cdas	30 ml	mantequilla
2 cdas	30 ml	harina de todo uso
1 taza	250 ml	leche
¼ cdta	1 ml	sal
¼ cdta	1 ml	pimienta blanca
⅛ cdta	pizca	nuez moscada
1 lb	454 g	pasta en forma de trompeta *

Preparación:

Precaliente el horno a 400°F (200°C) y ponga a asar los pimientos por 20 minutos. Sáquelos del horno y quíteles la piel. Sáqueles el corazón, las semillas y las membranas, píquelos en cubitos finos.

En una cacerola salsera, dore la carne de salchicha, escurra el exceso de grasa. Agregue el aceite y sofría la cebolla, las alcachofas y los champiñones hasta que estén suaves. Agregue los cubitos de pimiento amarillo y de tomate. Reduzca la temperatura y cocine a fuego lento for 30 minutos.

Derrita la mantequilla en otra salsera. Agregue la harina y revuélvala hasta hacer una pasta (roux), cocinando por 2 minutos a calor bajo.

Agregue la leche y revuélvala; cocine a fuego lento hasta que se espese. Agregue los condimentos y cocine a fuego lento 2 minutos más.

Combine la mezcla de tomate con la salsa blanca. Cocine a fuego lento por 10 minutos.

Mientras la salsa se cocina, ponga a cocer la pasta en 8 tazas (2 L) de agua salada hirviendo, hasta que esté "al dente"

Ponga la pasta en platos, báñela con salsa y sirva.

PARA 6 PORCIONES

* Se puede conseguir en la sección de comidas especiales de su supermercado, o use la pasta que prefiera.

Pasta de Pimienta de Limón

Ingredientes:

1 cdta	5 ml	pimienta negra recién triturada
2 cdas	30 ml	ralladura de limón
3	3	huevos, batidos
2 tazas	300 g	harina de todo uso
		agua con hielo sólo si se necesita

Preparación:

En un tazón de mezclar, combine la pimienta, el limón y los huevos. Agregue lentamente la harina. Amase hasta que tenga una pelota suave (agregue cantidades pequeñas de agua fría si es necesario).

Amase 15 minutos y deje reposar la masa 15 minutos más. Pásele el rodillo. Espolvoréela con un poco de harina, dóblela en tres y pásele de nuevo el rodillo. Repita de 6 a 8 veces.

Luego pase la masa por la máquina de pasta ajustando los rodillos internos gradualmente hasta lograr el ancho deseado. El resultado debe ser una lámina homogénea de masa, lista para prepararla como usted desee.

PARA 4 PORCIONES

Esquina del Chef

Pimienta de Limón

La Pimienta de Limón en realidad es una mezcla de ralladura de limón, sal, pimienta y otras hierbas y especias.

Pasta con Camarón Picante de Californ...

Ingredientes:

½ cdta	3 ml	de cada una: orégano, albahaca, tomillo, cebolla en polvo
1 cdta	5 ml	ajo en polvo
¼ cdta	1 ml	de cada una: pimienta de Cayena, pimienta negra, pimienta blanca
1 cdta	5 ml	chile en polvo
1 cdta	5 ml	sal
4 cdas	60 ml	aceite de oliva
3	3	chiles anchos picados fino
3	3	dientes de ajo picados fino
2 tazas	450 g	puré de tomate
1 lb	454 g	camarón grande pelado y desvenado
1 lb	454 g	pasta (de su preferencia)

Preparación:

Mezcle todos los condimentos. Aparte 1 cda (15 ml) de la mezcla.

Caliente 1 cda (15 ml) de aceite en una cacerola salsera. Sofría los chiles y el ajo, agregue el puré de tomate y la mitad de los condimentos. Cocine a fuego lento por 20 minutos.

Salpique el camarón con los condimentos restantes. Ponga a calentar el resto del aceite en una sartén hasta que esté muy caliente. Ponga a freír los camarones, unos cuantos cada vez, 2 minutos por lado. Cuando todos estén fritos, póngalos aparte.

Ponga a cocer la pasta, "al dente", en una olla grande con agua hirviendo. Escurra la pasta y revuélvale la mitad de la salsa. Ponga encima el camarón, bañe con el resto de la salsa y sirva.

PARA 6 PORCIONES

Canelones con Ternera
en Salsa Shiitake

Ingredientes:

1½ lb	675 g	Masa de Pasta Básica comercial o 1 tanto de nuestra receta (vea la página 78)
6 cdas	90 ml	mantequilla sin sal
5 cdas	75 ml	harina
2 tazas	500 ml	caldo de pollo (vea la página 146)
1 taza	250 ml	leche
3 cdas	45 ml	aceite de oliva
1	1	cebolla picada fino
1	1	diente de ajo picado fino
1 lb	454 g	ternera molida
¼ lb	120 g	cerdo molido
½ cdta	3 ml	de cada una: hojas de tomillo y orégano
1 cdta	5 ml	albahaca fresca picada
1 taza	165 g	tomates - sin semillas, picados
2 oz	60 g	champiñones Shiitake
½ taza	125 ml	leche 50% crema

Preparación:

Después de procesarla, corte la pasta en cuadrados de 6" (15 cm). Ponga a cocer los cuadrados en 3 litros de agua hirviendo. Escúrralos y enjuáguelos en agua fría. Déjelos en el agua.

En una cacerolita salsera, caliente 3 cdas (45 ml) de mantequilla. Agregue 3 cdas (45 ml) de harina. Cocine por 2 minutos. Agregue 1 taza (250 ml) de caldo de pollo y la leche. Cocine a fuego lento hasta que la salsa esté muy espesa. Déjela que se enfríe.

Caliente el aceite en una sartén. Sofría la cebolla y el ajo hasta que estén suaves. Agregue la ternera, el cerdo y los condimentos. Sofría las carnes hasta que estén bien cocidas. Escurra toda la grasa. Agregue los tomates y cocine hasta que no quede ningún líquido. Pase la carne a un tazón de mezclar. Agregue 1 taza (250 ml) de la salsa cocida. Mezcle bien. Unte con un poco de mantequilla una bandeja de hornear grande. Seque la pasta a golpecitos. Ponga 2 cdas (30 ml) de relleno en cada rollo. Póngalos con la parte del cierre hacia abajo en la bandeja de hornear. Repita hasta ponerlos todos.

Rehidrate los champiñones remojándolos en agua. Escúrralos y píquelos.

Caliente la mantequilla restante en una cacerol salsera. Sofría los champiñones por 2 minutos. Agregue la harina restante. Cocine 2 minutos más. Agregue el resto del caldo de pollo y la crema. Incorpore batiendo la salsa restante. Cocine a fuego lento hasta que la salsa se espese. Póngasela a los canelones.

Hornee por 20 minutos en un horno precalentado a 400°F (200°C), hasta que esté muy burbujeante. Sirva.

PARA 8 PORCIONES

NOTA: Los champiñones Shiitake son setas japonesas que se pueden conseguir en las tiendas de comestibles orientales.

Orzo con Mariscos

Ingredientes:

½ lb	225 g	almejas
½ lb	225 g	mejillones
¼ taza	60 ml	aceite
1	1	cebolla en cubitos
1	1	pimiento dulce verde, en cubitos
3	3	tallos de apio, en cubitos
2	2	dientes de ajo picados fino
1 cdta	5 ml	de cada una: tomillo, orégano, albahaca, pimienta negra triturada
6 tazas	1,5 L	caldo de pollo (vea la página 146)
2 tazas	500 ml	vino blanco
2 tazas	500 g	tomates machacados
3 tazas	555 g	orzo
1 lb	454 g	piernas y tenazas de cangrejo
1 lb	454 g	carne de langosta
1 lb	454 g	camarón pelado y desvenado
1 lb	454 g	trozos firmes de pescado
1 taza	145 g	chícharos

Preparación:

Precaliente el horno a 375°F (190°C).

Limpie y quítele las barbas a las almejas y los mejillones.

Caliente el aceite en una olla grande. Agregue la cebolla, el pimiento dulce verde, el apio y el ajo. Sofría hasta que las verduras estén blandas, escurra el exceso de aceite.

Agregue los condimentos y cocine por 1 minuto. Agregue el caldo de pollo, el vino y los tomates. Lleve a ebullición.

Ponga el orzo en una bandeja de hornear muy grande. Cúbralo con los mejillones, las almejas, el cangrejo, la langosta, el camarón, el pescado y los chícharos.

Vierta el caldo sobre los mariscos, hornee por 30 minutos o hasta que el orzo esté suave. No revuelva. Saque del horno. Ponga una tapa y deje que se asiente 10 minutos antes de servir.

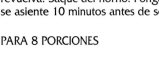

PARA 8 PORCIONES

Tagliatelle de Champiñones
y Verduras

Ingredientes:

4 cdas	60 ml	mantequilla
2 tazas	150 g	champiñones de botón, en rodajas
1	1	zanahoria en tiras finas
1	1	calabacín italiano, en tiras finas
1½ taza	100 g	flores de rapini
4 cdas	60 ml	harina de todo uso
1 taza	250 ml	leche
1 taza	250 ml	caldo de pollo fuerte (vea la página146)
½ cdta	3 ml	sal
½ cdta	3 ml	pimienta blanca
⅛ cdta	pizca	nuez moscada
¼ taza	30 g	queso Romano duro, rallado
1 lb	454 g	Pasta de Tagliatelle de Tomate comercial

Preparación:

Derrita la mantequilla en una cacerola, agregue las verduras y sofríalas hasta que se ablanden. Agregue la harina y revuélvala hasta hacer una pasta (roux), cocine por 2 minutos a calor bajo.

Agregue la leche y el caldo de pollo, revuelva; cocine a fuego lento hasta que se espese. Agregue los condimentos y cocine a fuego lento 2 minutos más. Agregue el queso.

Mientras la salsa se está cociendo, ponga a cocer la pasta en 8 tazas (2 L) de agua salada hirviendo hasta que esté "al dente". Ponga los fideos en platos y báñelos con salsa.

PARA 6 PORCIONES

* EL Tagliatelle es un fideo de aproximadamente ½ " (1,25 cm) de ancho; se puede conseguir en la sección de pastas de su supermercado.

Masa de Pasta con Tomate

Ingredientes:

2	2	huevos
¼ taza	60 ml	pasta de tom
1 cda	15 ml	aceite de oliv
2 tazas	500 ml	harina de sémola
		agua helada hielo, sólo si necesita

Preparación:

Combine los huevos, la pasta de tomate y el aceite. Póngalos en un tazón de mezclar. Agregue lentamente la harina. Amase hasta que tenga una pelota fina y homogénea (agregue agua fría si se necesita).

Amase 15 minutos y deje que la masa repos 15 minutos más. Pásele el rodillo. Espolvore con un poco de harina, doble la masa en tres pásele de nuevo el rodillo. Repita de 6 a 8 vec

Luego pase la masa por la máquina de pasta ajustando los rodillos internos gradualmente hasta lograr el ancho deseado. El resultado debe ser una lámina homogénea de masa, li para prepararla como usted desee.

Esquina del Chef

Pruebe usar queso Parmesano o queso duro Cacciocavallo en vez de Romano.

Canelones con Verduras

Ingredientes:

¾ lb	340 g	Masa de Pasta Básica comercial o ½ tanto de nuestra receta (vea la página 78)
2 cdas	30 ml	aceite de girasol
2	2	dientes de ajo picados fino
1 taza	145 g	calabacín italiano, en tiras finas
1 taza	155 g	zanahorias, en tiras finas
½ taza	65 g	puerros, en tiras finas
1 taza	120 g	manzanas peladas, en tiras finas
2	2	huevos, batidos
2 tazas	450 g	queso Ricotta
2 cdas	30 ml	perejil picado
1 cda	15 ml	hojas de albahaca picadas
1 taza	100 g	queso Cheddar rallado
3 tazas	750 ml	Salsa de Tomate (vea la página 126)
½ taza	60 g	queso Romano recién rallado

Preparación:

Pásele el rodillo a la pasta según las instrucciones. Córtela en cuadritos de 6"(15 cm). Ponga a cocer la pasta en una olla grande con agua salada hirviendo. Escúrrala y enjuáguela con agua fría. Déjela en el agua hasta que la necesite.

Caliente el aceite en una sartén grande. Sofría el ajo, las verduras y las manzanas en el aceite hasta que se ablanden. Quítelos del fuego, escurra el exceso de aceite y humedad.

Bata juntos los huevos. Incorpore el queso Ricotta, las hierbas y el Cheddar. Incorpore las verduras y las manzanas. Escurra la pasta y séquela a golpecitos. Ponga 2 cdas (30 ml) de relleno en cada lámina de pasta. Cierre los canelones. Colóquelas en una bandeja grande de hornear ligeramente enmantequillada, con el lado del cierre hacia arriba. Vierta la Salsa de Tomate sobre los canelones. Espolvoréelos con el queso Romano.

Póngalos en un horno precalentado a 350°F (180°C), por 30-40 minutos. Sirva.

PARA 6 PORCIONES

Lingüini con Pesto de Ajo y Cilant...

Ingredientes:

¾ lb	340 g	Masa de Pasta de Cilantro comercial o 1 tanto de nuestra receta
1 taza	225 g	queso Ricotta, a temperatura ambiente
3	3	dientes grandes de ajo picados fino
½ taza	35 g	cilantro limpio picado
½ taza	40 g	albahaca fresca picada
½ taza	125 ml	caldo de pollo caliente (vea la página 146)
⅓ taza	60 g	queso Cacciocavallo recién rallado

Preparación:

Prepare la pasta de acuerdo a las instrucciones, córtela en fideos de lingüini.

En un procesador de alimentos, combine el queso Ricotta, el ajo, el cilantro, la albahaca, el caldo y el queso Cacciocavallo, tritúrelos hasta tener una mezcla fina y homogénea.

Ponga a cocer la pasta en 8 tazas (2 L) de agua salada hirviendo hasta que esté "al dente". Escurra el lingüini y revuélvalo con el pesto. Sirva inmediatamente.

PARA 4 PORCIONES

Pasta de Cilantro

Ingredientes:

2	2	huevos, batido...
1 cdta	5 ml	aceite de giras...
½ taza	35 g	hojas de cilantr... picadas
2 tazas	330 g	harina de sém...
		agua helada c... hielo, sólo si se necesita

Preparación:

Combine los huevos, el aceite y el cilantro. Agregue la harina y amase lentamente hasta tener una pelota suave (agregue cantidades pequeñas de agua fría si se necesita).

Amase 15 minutos y deje que la masa repos... 15 minutos más. Pásele el rodillo. Espolvoree con un poco de harina, doble la masa en tres, pásele de nuevo el rodillo. Repita de 6 a 8 vece...

Luego pase la masa por la máquina de pasta, ajustando los rodillos internos gradualmente hasta lograr el ancho deseado. El resultado debe ser una lámina homogénea de masa, lis... para prepararla como usted desee.

PARA 6 PORCIONES

Esquina del Chef

Cilantro

Al cilantro también se le conoce como coriandro fresco o perejil chino.

Pollo Picante Oriental

Ingredientes:

3 cdas	45 ml	aceite de cacahuate
½ lb	225 g	pollo crudo en cubitos
2	2	dientes de ajo picados fino
1 cdta	5 ml	jengibre picado fino
½ cdta	3 ml	escamitas de chile rojo
½ taza	40 g	champiñones en rodajas
1 taza	120 g	repollo en cubitos finos
½ taza	125 ml	caldo de pollo (vea la página 146)
1 cdta	5 ml	maicena
2 cdas	30 ml	salsa de soya
¾ lb	340 g	Masa de Pasta de Huevo comercial o 1 tanto de nuestra receta (vea la página 122)

Preparación:

Caliente el aceite en un wok o una sartén grande. Sofría el pollo hasta que esté bien cocido. Agregue el ajo, el jengibre y las escamitas de chile rojo, cocine por 1 minuto. Agregue los champiñones, el repollo y el caldo de pollo. Cocine a fuego lento 5 minutos.

Mezcle la maicena con la salsa de soya. Agréguelas al pollo y cocine a fuego lento hasta que se espese.

Mientras el pollo se cocina, hierva 2 litros de agua salada en una olla grande. Agregue los fideos. Cocínelos a fuego lento por 3 minutos. Escúrralos. Páselos a un plato de servir.

Vierta el pollo sobre los fideos. Sirva inmediatamente.

PARA 6 PORCIONES

Espagueti con Carne, Champiñones y Vi...

Ingredientes:

1 lb	454 g	Masa de Pasta Básica comercial o 1 tanto de nuestra receta (vea la página 78)
2¼ lbs	1 kg	lomito, cortado en tiras finas
3 cdas	45 ml	mantequilla
3 cdas	45 ml	aceite de girasol
1	1	cebolla española pequeña, en cubitos
3	3	dientes de ajo picados fino
4 oz	115 g	champiñones en rodajas
3 cdas	45 ml	zanahorias en cubitos finos
3 cdas	45 ml	apio en cubitos finos
¼ taza	40 g	harina de todo uso
½ taza	125 ml	vino tinto
2 tazas	500 ml	caldo de carne (vea la página 82)
3 cdas	45 ml	pasta de tomate
1 cdta	5 ml	de cada una: pimienta negra, ajo en polvo, cebolla en polvo
¼ taza	25 g	queso Romano recién rallado

Preparación:

Prepare la pasta de acuerdo a las instrucciones y córtela en fideos de espagueti.

En una olla grande, sofría la carne en la mantequilla y el aceite. Agregue las verduras y continúe cocinando hasta que se ablanden. Espolvoree con la harina, baje la temperatura y cocine por 5 minutos.

Agregue el vino, el caldo, la pasta de tomate y los condimentos. Cocine a fuego lento por 50 minutos, tapado.

Mientras la salsa se está cociendo, ponga a cocer la pasta "al dente" en 8 tazas (2 L) de agua salada hirviendo. Escúrrala, póngala en platos de servir, báñela con salsa y espolvoree con el queso Romano.

PARA 6 PORCIONES

Fettucini a la Dianna

Ingredientes:

4 cdas	60 ml	mantequilla
4 cdas	60 ml	harina de todo us...
2 tazas	500 ml	leche
½ cdta	3 ml	sal
½ cdta	3 ml	pimienta blanca
pizca	pizca	nuez moscada
2 tazas	360 g	salmón cocido en rodajitas (no use de lata)
1 taza	180 g	mango, cubitos
1 lb	454 g	fettucini
¼ taza	35 g	queso Parmesano rallado

Preparación:

Derrita la mantequilla en una cacerola. Agregue la harina y revuélvala hasta hacer una pasta (roux). Coci... por 2 minutos a calor bajo. Agregue la leche y revuélvala. Cocine a fuego lento hasta que se espese. Agregue los condimentos y cocine a fuego lento por 2 minutos más. Incorpore el salmón, los mangos y el queso. Cocine a fuego lento por 5 minutos más.

Mientras la salsa se cocina, ponga a cocer el fettucini ... 8 tazas (2 L) de agua salada hirviendo, hasta que esté... "al dente". Escurra los fideos y báñelos con salsa. Sirv...

PARA 6 PORCIONES

Esquina del Chef

Aceite de Girasol

Cuando tenga que escoger entre aceite de girasol o aceite de cacahuate, prefiera el de girasol. El de girasol, al igual que el de cacahuate, tiene un punto alto de humificació... lo que hace que sea perfecto para freír. Sin embargo, el de girasol no tiene sabor. Esto significa que mantiene el sabor del alimento que se fríe con él. Además, el de girasol no transfiere el sabor de los otros alimentos que se cocinan con él. El aceite de girasol también es excelente para usarlo cuando se mezclan aceites para aderezar ensaladas; ⅓ de aceite de girasol y ⅔ de aceite de oliva hacen una mezcla maravillosa para usarla como aderezo de ensaladas.

Lo Mein de Camarón y Langos[ta]

Ingredientes:

3 cdas	45 ml	aceite de cacahuate
½ lb	225 g	carne de camarón
½ lb	225 g	carne de langosta en cubitos
1	1	cebolleta en cubitos finos
1 taza	80 g	champiñones en rodajas finas
1 lb	454 g	ejotes cocidos
1 taza	250 ml	caldo de pollo (vea la página 146)
1 cda	15 ml	miel
1 cda	15 ml	salsa de soya
1 cdta	5 ml	maicena
¾ lb	340 g	Masa de Pasta de Huevo comercial o 1 tanto de nuestra receta (vea la página 122)

Preparación:

Caliente el aceite, en un wok o una sartén grande. Sofría el camarón y la langosta hasta que estén bien cocidos. Agregue la cebolleta, los champiñones y los ejotes. Fría por 1 minuto.

Agregue el caldo de pollo. Cocine a fuego lento por 3 minutos. Mezcle la miel con la salsa de soya. Incorpore la maicena. Agréguela a los mariscos y cocine a fuego lento por 2 minutos.

En una olla grande hierva 2 litros de agua salada, ponga a cocer los fideos por 3 minutos. Escúrralos. Páselos a un plato de servir. Póngales encima los mariscos. Sirva.

PARA 6 PORCIONES

Lingüini Romano

Ingredientes:

¾ lb	345 g	Masa de Pasta Verde comercial o 1 tanto de nuestra receta
3	3	dientes de ajo picados fino
1 cda	15 ml	hojas de tomillo fresco picadas
½ taza	45 g	hojas de arugula picadas
1 cda	15 ml	hojas de albahaca fresca picadas
4 cdas	60 ml	aceite de oliva
½ taza	60 g	queso Romano

Preparación:

Prepare la pasta de acuerdo a las instrucciones. córtela en lingüinis. Póngalos a cocer en una olla grande con agua salada hirviendo. Escúrralos.

En un procesador de alimentos o licuadora, haga un puré con el ajo, el tomillo, la arugula y la albahaca. Agregue el aceite y el queso Romano. Mezcle por 10 segundos más. Revuelva los fideos en el pesto. Sirva.

PARA 6 PORCIONES

Pasta Verde

Ingredientes:

1½ lb	625 g	espinaca fresc
3 tazas	500 g	harina de sémola
4	4	huevos, batid
		agua helada con hielo, sól si se necesita

Preparación:

Lave y enjuague bien la espinaca. Píquela fin Mezcle la harina con la espinaca. Agregue lentamente la harina en los huevos. Amase hasta que tenga una pelota fina y homogéne (agregue cantidades pequeñas de agua fría s se necesita).

Amase 15 minutos y deje que la masa repos 15 minutos más. Pásele el rodillo. Espolvoree con un poco de harina, doble la masa en tres, pásele de nuevo el rodillo. Repita de 6 a 8 vece

Luego pase la masa por la máquina de pasta, ajustando los rodillos internos gradualmente hasta lograr el ancho deseado. El resultado debe ser una lámina homogénea de masa, lis para prepararla como usted desee.

PARA 6 PORCIONES

Esquina del Chef

Si prefiere usar hierbas secas en vez de fresca use ⅓ menos.

Fettucini con Champiñones, Camarón, Aceite de Oliva, Ajo, y Hierbas Frescas

Ingredientes:

3 cdas	45 ml	mantequilla
1 lb	454 g	camarón grande, pelado y desvenado
¼ lb	120 g	champiñones en rodajas
3	3	dientes de ajo picados fino
1 cda	15 ml	hojas de tomillo fresco picadas
2 cdas	30 ml	hojas de cilantro picadas
1 cda	15 ml	hojas de albahaca fresca picadas
4 cdas	60 ml	aceite de oliva
1½ lb	675 g	fideos de fettucini de colores

Preparación:

Caliente la mantequilla en una sartén grande, agregue el camarón y los champiñones y sofría por 6 minutos, conserve todo caliente.

En un procesador de alimentos o licuadora, haga un puré con el ajo, el tomillo, el cilantro y la albahaca. Agregue el aceite. Mezcle 10 segundos más.

Ponga a cocer la pasta en una olla grande con agua salada hirviendo. Escúrrala y póngala en una fuente grande de servir.

Revuelva los fideos calientes, el camarón y los champiñones en el pesto. Sirva.

PARA 6 PORCIONES

Orecchiettes
en Crema de Tomate

Ingredientes:

1 ½ lb	675 g	Masa de Pasta de Harina de Maíz comercial o 1 tanto de nuestra receta
1	1	pimiento dulce rojo
2 cdas	30 ml	mantequilla
1	1	cebolla en cubitos
1	1	diente de ajo picado fino
½ cdta	3 ml	de cada una: sal, albahaca y tomillo
1 cdta	5 ml	pimienta negra triturada
2 cdas	30 ml	harina de todo uso
½ taza	125 ml	leche 50% crema
¼ taza	60 ml	Jerez
1 ½ taza	350 g	tomates cocidos

Preparación:

Para hacer orecchiettes (orejitas), divida la pasta en mitades. Pásele el rodillo para formar una cuerda larga y córtela en rueditas de ⅛" (3 mm) de grosor. Espolvoree cada una con harina. Ponga una ruedita en la palma de su mano y hágale una depresión en el centro con el dedo. Repita hasta que complete todas las rueditas.

Envuelva el pimiento rojo con papel de aluminio. Póngalo en un horno precalentado a 400°F (200°C), por 15 minutos. Quítele el papel de aluminio y pélelo. Sáquele el corazón y las semillas. Córtelo en cubitos finos.

Caliente la mantequilla en una cacerola. Sofría la cebolla con el ajo hasta que se ablanden. Agregue los condimentos y el pimiento dulce rojo, cocine por 5-7 minutos. Espolvoree con la harina y continúe cocinando 2 minutos más a calor bajo.

Agregue la crema y el Jerez y cocine a fuego lento hasta espesar. Agregue los tomates, continúe cocinando 10 minutos más.

Mientras la salsa se está cociendo, ponga a cocer la pasta en 3 litros de agua salada hirviendo por aproximadamente 9 minutos. Escúrrala y pásela a un tazón de servir. Revuélvala con la salsa y sirva.

PARA 6 PORCIONES

Pasta de Harina de Maíz

Ingredientes:

1 ½ taza	260 g	harina de maíz molida fino
1 ½ taza	250 g	harina de sémola
4	4	huevos, batidos
1 cda	15 ml	aceite de girasol
		agua helada con hielo, sólo si se necesita

Preparación:

Mezcle la harina de maíz con la harina de sémola. Bata el aceite con los huevos. Póngalo en un tazón de mezclar. Agregue lentamente la harina. Amase hasta que tenga una pelota fina y homogénea (agregue cantidades pequeñas de agua helada si se necesita).

Amase 15 minutos y deje que la masa repose 15 minutos más. Pásele el rodillo. Espolvoree con un poco de harina, doble la masa en tres, pásele de nuevo el rodillo. Repita de 6 a 8 veces.

Luego pase la masa por la máquina de pasta, ajustando los rodillos internos gradualmente hasta lograr el ancho deseado. El resultado debe ser una lámina homogénea de masa, lista para prepararla como usted desee.

PARA 6 PORCIONES

Esquina del Chef

Que le revise el horno alguna persona profesional de mantenimiento por lo menos una vez al año, para asegurarse que la calibración de la temperatura esté correcta.

Tortellini de Pavo

Ingredientes:

10 oz	300 g	Masa de Pasta de Pimienta de Limón comercial o 1 tanto de nuestra receta (vea la página 90)
1 cda	15 ml	mantequilla
1	1	zanahoria pequeña picada fino
1	1	tallo de apio, picado fino
8 oz	225 g	pavo ahumado picado fino
½ taza	115 g	queso Ricotta
¼ cdta	1 ml	hojas de tomillo seco
¼ cdta	1 ml	hojas de albahaca seca
1	1	huevo
½ taza	125 ml	Jerez seco
¼ taza	65 g	pasta de tomate
1½ taza	375 ml	caldo de pollo (vea la página 146)
¼ taza	25 g	queso Romano recién rallado
2 cdtas	10 ml	granos de pimienta verde
1 cda	15 ml	perejil picado

Preparación:

Prepare la pasta de acuerdo a las instrucciones. Pásele el rodillo hasta que tenga láminas delgadas. Córtela en cuadritos. Cúbrala con un paño húmedo y apártela.

Caliente la mantequilla en una sartén. Sofría la zanahoria y el apio hasta que se ablanden. Póngalos en un tazón de mezclar y deje que se enfríen a temperatura ambiente. Mezcle el pavo, el tomillo, la albahaca, el huevo y las verduras frías, en un procesador de alimentos.

Ponga 1 cdta (5 ml) de relleno en cada cuadrito. Coloque un segundo cuadrito encima, humedezca los bordes con un poco de agua. Doble el cuadradito de pasta por la mitad. Apriete los bordes para sellarlos. Cocine la pasta en una olla grande con agua salada hirviendo por 2 minutos una vez que floten en la superficie.

Para hacer la salsa, ponga el Jerez en una cacerola. Incorpore batiendo la pasta de tomate y el caldo. Cocine a fuego lento para reducir a ⅔ del volumen. Incorpore batiendo el queso, los granos de pimienta y el perejil. Revuelva los tortellinis con la salsa y sirva.

PARA 4 PORCIONES

Ñoquis de Queso Triple

Ingredientes:

1 lb	454 g	papas
¼ lb	125 g	queso Cheddar recién rallado
½ lb	225 g	queso Ricotta
1 taza	110 g	queso Romano recién rallado
2	2	huevos, batidos
1 ½ taza	225 g	harina de todo uso

Preparación:

Pele las papas y póngalas a cocer al vapor hasta que estén suaves al pincharlas con el tenedor. Hágalas puré.

Mezcle todos los quesos.

Combine las papas, los quesos y los huevos. Agregue lentamente la harina. Amase hasta que tenga una masa suave. Moldee la masa en trocitos del tamaño de una cucharita. Póngalos en una superficie enharinada y apriételos con un tenedor.

Ponga las masitas en agua salada hirviendo. Cocínelas por 3 minutos una vez que floten. Se pueden servir con una variedad de salsas. La Salsa Mornay de Champiñones es excelente.

PARA 6 PORCIONES

Salsa Mornay de Champiñones

Ingredientes:

3 cdas	45 ml	mantequilla
2 tazas	150 g	champiñones botón en rodajas
3 cdas	45 ml	harina de todo uso
1 ¼ taza	310 ml	caldo de pollo (vea la página 146)
1 ¼ taza	310 ml	leche 50% crema
½ taza	60 g	queso Parmesano recién rallado

Preparación:

Caliente la mantequilla en una cacerola. Agregue los champiñones. Sofríalos hasta que se evapore la humedad. Agregue la harina. Cocine por 2 minutos a calor bajo. Incorpore revolviendo el caldo de pollo y la crema. Baje la temperatura y cocine a fuego lento hasta que se espese. Incorpore el queso y cocine a fuego lento por 2 minutos más.

Usela como desee.

PRODUCE 3 tazas (750 ml)

Esquina del Chef

Queso Romano:

Es un queso circular duro de 10 " (25 cm) de diámetro y 7-9" (17-22 cm) de alto. Tiene una superficie de color verduzco negro y el interior es amarillento. El queso Romano se hace con una combinación de leche de vaca y leche de cabra. Se puede usar para cocinar y también para rallarlo.

Fettucini de Jambalaya de Pol

Ingredientes:

1 ½ lb	670 g	pollo deshuesado en cubitos
2 cdas	30 ml	aceite de girasol
2 cdas	30 ml	mantequilla
½ lb	225 g	salchicha de Andouille (o cualquier salchicha picante)
½ taza	70 g	cebolla en cubitos
2	2	dientes de ajo picados fino
3 cdas	45 ml	perejil picado
1 ½ taza	200 g	pimientos dulces verdes en cubitos
2	2	tallos de apio en cubitos
2 tazas	330 g	tomates pelados, sin semillas, picados
1 cdta	3 ml	de cada una: pimienta blanca, pimienta negra, hojas de orégano, albahaca, hojas de tomillo, ajo en polvo, cebolla en polvo, chile en polvo
2 cdtas	10 ml	salsa inglesa
3 gotas	3 gotas	salsa Tabasco™
1 lb	454 g	fideos de fettucini

Preparación:

En una olla grande, sofría el pollo en el aceite y la mantequilla. Agregue la salchicha y la verduras. Continúe cocinando hasta que las verduras estén suaves.

Incorpore revolviendo los ingredientes restantes (menos la pasta). Baje la temperatura. Ponga una tapa y cocine a fuego lento a calor bajo por 40-45 minutos.

Cocine el fettucini hasta que esté "al dente" en 8 tazas (2 L) de agua salada hirviendo. Escúrralo. Póngalo en un plato de servir. Vierta el pollo sobre los fideos y sirva.

PARA 6 PORCIONES

Fideos con Brócoli Picant

Ingredientes:

1 lb	454 g	Pasta de Huevo comercial o 1 tanto de nuestra receta
2 tazas	150 g	flores de brócoli
1 cda	15 ml	aceite de cacahuate
2	2	chiles rojos pequeños
1	1	diente de ajo picado fino
1 cdta	5 ml	jengibre picado fino
½ lb	225 g	filete de falda, en rodajas finas
3 cdas	45 ml	salsa de ostras

Preparación:

Cocine los fideos en una olla grande con agua salada hirviendo. Escúrralos y páselos a un plato de servir. Consérvelos calientes.

Ponga a cocer el brócoli en agua hirviendo por 2 minutos.

Caliente el aceite en un wok o una sartén grande, agregue los chiles, y cocínelos hasta que se pongan negros. Saque los chiles y tírelos, agregue el ajo y el jengibre y fríalos hasta que se doren bien. Agregue la carne y fríala rápidamente. Agregue el brócoli. Fríalo por 1 minuto. Agregue la salsa de ostras. Fría por 1 minuto más.

Ponga la carne sobre los fideos y sirva inmediatamente.

PARA 6 PORCIONES

Pasta de Huevo

Ingredientes:

3	3	huevos
2 tazas	330 g	harina de sémola

Preparación:

Bata bien los huevos. Agregue lentamente la harina. Amase por 10 minutos. Tápela y déje reposar por 15 minutos. Amase otra vez. Pa el rodillo hasta que tenga una lámina muy fi en una tabla ligeramente enharinada.

Espolvoree la lámina con la harina. Dóblela y pásele otra vez el rodillo. Repita esto varias veces. El resultado va a ser una lámina fina masa. Pásele el rodillo y córtela en tiras muy finas.

En una olla, hierva 2 litros de agua.

Cocine los fideos por 2-3 minutos.

Sirva como desee.

PARA 6 PORCIONES

Esquina del Chef

Pruebe con coliflor o rapini en vez de brócoli

Raviolis Gigantes con Ternera
y Salsa de Albahaca

Ingredientes:

2 cdas	30 ml	aceite de oliva
2	2	dientes de ajo picados fino
1	1	pimiento dulce verde en cubitos
1	1	cebolla en cubitos
2	2	tallos de apio en cubitos
4 oz	120 g	champiñones en rodajas
1 cdta	5 ml	sal
½ cdta	3 ml	pimienta
2 cdas	30 ml	hojas de albahaca fresca
3 lbs	1½ kg	tomates pelados, sin semillas, picados
1 lb	454 g	Masa de Pasta de Pimienta Negra Triturada comercial o 1 tanto de nuestra receta (vea la página 74)
1 cda	15 ml	aceite de oliva
1 taza	140 g	cebolla picada fino
½ taza	65 g	pimientos dulces verdes picados
1	1	diente de ajo picado fino
1 lb	454 g	ternera cruda molida
½ lb	225 g	carne de salchicha italiana picante o con especias
½ taza	40 g	miga de pan
2	2	huevos
¼ cdta	1 ml	orégano
⅛ cdta	pizca	pimienta de Cayena

Preparación:

Caliente el aceite en una cacerola. Sofría el ajo, el pimiento dulce verde, la cebolla, el apio y los champiñones hasta que se ablanden. Agregue los condimentos y los tomates. Cocine a fuego lento por 3 horas o hasta que obtenga el espesor que desee.

Prepare la pasta de acuerdo a las instrucciones. Pásele el rodillo hasta que tenga una lámina fina. Tápela con un paño húmedo hasta que la necesite.

Caliente el aceite en una sartén, sofría la cebol los pimiento dulces y el ajo hasta que se ablanden y se evapore toda la humedad. Pong enfriar.

Combine la ternera, la salchicha, la miga de pa las verduras sofritas, los huevos y los condimentos.

En una lámina de pasta ponga 1 cda (15 ml) d relleno distribuido uniformemente por toda la lámina. Humedezca un poco la pasta alrededo del relleno. Ponga una segunda lámina de pas sobre la primera. Use un rodillo de festones y corte entre el relleno. Ponga los raviolis en una olla con agua salada hirviendo, unos cuantos c vez. Cocínelos por 3-4 minutos una vez que todos floten. Páselos a una fuente de servir, báñelos con la salsa y sirva.

PARA 6 PORCIONES

Esquina del Chef

Tomates

Para madurar un tomate, póngalo en una bolsa de papel junto con una manzana. La manzana va a producir un gas que va a acelerar en forma natural proceso de maduración del tomate. Los tomates pueden congelar si se ponen en una lata para hor galletas antes de congelarlos. Cuando se congele póngalos en una bolsa plástica. Se pueden guarda por 6-8 meses. Descongélelos poniéndolos bajo a tibia corriente, esto también les va a quitar la piel. Los tomates descongelados no se pueden usar de misma forma en que se usan los frescos. Sin embargo, son excelentes para sopas, salsas y guis

Pimientos Dulces Amarillos al Horno
con Orzo

Ingredientes:

½ lb	225 g	orzo
2 cdtas	10 ml	aceite de girasol
½ lb	225 g	carne de salchicha italiana picante
3	3	dientes de ajo pequeños, picados
2	2	chalotes en cubitos finos
1	1	tallo de apio en cubitos finos
1 cdta	5 ml	tomillo fresco picado
1 cdta	5 ml	albahaca fresca picada
1 cda	15 ml	perejil fresco picado
¼ taza	20 g	cebolletas en cubitos finos
½ taza	65 g	queso Parmesano rallado
2 tazas	500 ml	caldo de pollo (vea la página 146)
4 oz	115 g	queso Provolone rallado
6	6	pimiento dulces amarillos medianos
3 cdtas	15 ml	miga seca de pan
2 tazas	500 ml	Salsa de Tomate caliente

Preparación:

Prepare el orzo de acuerdo a las instrucciones del paquete; escúrralo y póngalo aparte.

Caliente el aceite en una cacerola mediana, fría la salchicha hasta que esté bien cocida. Agregue el ajo, los chalotes y el apio y sofríalos hasta que se ablanden. Incorpore el orzo, el tomillo, la albahaca, el perejil, las cebolletas, el queso Parmesano, ½ taza (125 ml) del caldo de pollo y la mitad del queso Provolone.

Precaliente el horno a 350°F (180°C).

Corte la parte de arriba de los pimientos y sáqueles las semillas. Córteles un pedacito de la parte de abajo para que se puedan mantener parados. Con una cuchara, póngale la mezcla de pasta a cada uno de los pimientos y luego colóquelos en una lata de hornear. Salpique cada pimiento con ½ cdta (3 ml) de miga de pan. Espolvoree cada pimiento con el resto del queso Provolone. Vierta la 1½ taza (375 ml) restante de caldo de pollo alrededor de los pimientos. Póngalos en el horno por 45 minutos, hasta que la parte de arriba esté de color café y estén muy blandos. Ponga una cantidad pequeña de Salsa de Tomate en platos de servir. Coloque un pimiento sobre la salsa y sirva inmediatamente.

PARA 6 PORCIONES

Salsa de Tomate

Ingredientes:

¼ taza	50 g	mantequilla
2	2	dientes de ajo picados fino
2	2	zanahorias en cubitos
1	1	cebolla en cubit
2	2	tallos de apio en cubitos
3¼ lbs	1,5 kg	tomates pelados sin semillas, picados
3	3	hojas de laurel
1 cdta	5 ml	hoja de tomillo seco
1 cdta	5 ml	hojas de orégano seco
1 cdta	5 ml	hojas de albahaca seca
1 cda	15 ml	sal
1 cdta	5 ml	pimienta

Preparación:

Caliente la mantequilla en una olla grande. Sofría ajo, la zanahoria, la cebolla y el apio hasta que se ablanden. Agregue los tomates y los condimento Baje la temperatura y cocine a fuego lento por 3 horas. Pase la salsa por un colador y regrésela a olla, y continúe cocinándola a fuego lento hasta q llegue al espesor deseado.

PRODUCE 4 tazas (1 L)

Esquina del Chef

Queso Parmesano

Es un queso cilíndrico y duro con una superficie color verde oscuro y con el interio blanco amarillento. Se usa rallado, principalmente para salpicar platos de pasta.

Lingüini de Mariscos Caju

Ingredientes:

⅓ taza	65 g	mantequilla
¾ taza	100 g	cebolla en cubitos
1	1	pimiento dulce verde, en cubitos
2 tazas	320 g	tomates pelados, sin semillas, en cubitos
1 cdta	5 ml	de cada una: sal, pimienta, paprika
½ cdta	3 ml	de cada una: hojas de orégano, hojas de tomillo, pimienta de Cayena, ajo en polvo, cebolla en polvo, chile en polvo
1 cdta	5 ml	salsa inglesa
5 gotas	5 gotas	salsa Tabasco™
¼ taza	20 g	cebollas verdes picadas
2 cdas	30 ml	perejil picado
1 lb	454 g	camarón pelado y desvenado
½ lb	225 g	colas de langostino peladas
½ lb	225 g	filete de pez gato en cubitos
1 lb	454 g	fideos de lingüini

Preparación:

Derrita la mantequilla en una cacerola. Agregue la cebolla y el pimiento. Sofríalos hasta que se ablanden. Agregue los tomates, los condimentos, la salsa inglesa y el Tabasco™. Baje la temperatura y cocine a fuego lento por 30 minutos.

Agregue las cebollas verdes, el perejil, el camarón, el langostino y el pez gato. Ponga una tapa y cocine a fuego lento por 10 minutos.

Cocine el lingüini en 8 tazas (2 L) de agua salada hirviendo hasta que esté "al dente". Escúrralo y páselo a un plato de servir. Póngale encima el estofado y sirva inmediatamente.

PARA 6 PORCIONES

Manicottis de Ostras Rockefell[er]

Ingredientes:

1½ lb	675 g	Masa de Pasta Básica comercial o 1 tanto de nuestra receta (vea la página 78)
36	36	ostras
10 oz	300 g	espinaca
4 cdas	60 ml	mantequilla
2	2	tallos de apio picados fino
6	6	cebollas verdes, picadas fino
½ taza	25 g	perejil picado
¼ taza	20 g	miga de pan
1 cda	15 ml	salsa inglesa
3 gotas	3 gotas	salsa Tabasco™
¼ cdta	1 ml	sal (opcional)
¼ taza	30 g	queso Parmesano recién rallado
2 tazas	450 g	queso Ricotta
2 tazas	500 ml	Salsa Mornay (vea la página 12)

Preparación:

Prepare la pasta de acuerdo a las instrucciones. Pásele el rodillo hasta que tenga láminas finas. Corte las láminas de pasta en cuadros de 4"(10 cm). Póngalos a cocer en agua salada hirviendo hasta que estén "al dente". Escúrralos y póngalos bajo el chorro de agua fría. Póngalos aparte. Quítele la concha a las ostras. Conserve el néctar de las ostras.

Corte las partes marchitas de la espinaca y píquela grueso. Caliente la mantequilla en una sartén. Sofría las ostras y las espinaca hasta que las ostras estén bien cocidas. Saque las ostras y la espinaca. Póngalas aparte.

Sofría el apio, las cebollas verdes y el perejil por 2 minutos. Mézclelos con las ostras. Incorpore los ingredientes restantes, menos la Salsa Mornay, con las ostras. Ponga el relleno en los cuadritos de pasta. Cierre los cuadritos. Ponga los manicottis en una bandeja de hornear ligeramente enmantequillada, con los cierres hacia abajo. Póngales encima la Salsa Mornay.

Ponga en un horno a 350°F (180°C), por 30 minutos. Sirva.

PARA 6 PORCIONES

* Resulta muy bien con Ensalada César Española.

Ensalada César Española

Ingredientes:

1	1	diente de ajo
2	2	yemas de huevo
1 cdta	5 ml	mostaza en polvo
2 cdtas	10 ml	azúcar granulada
⅛ cdta	pizca	pimienta de Cayena
1½ taza	375 ml	aceite de oliv[a]
3 cdas	45 ml	jugo de limó[n]
¼ taza	60 ml	suero de lech[e]
⅓ taza	40 g	queso Parmesano recién rallad[o]
2 cdas	30 ml	cebollines picados fino
3	3	chiles jalapeñ[os] sin semillas, [en] cubitos finos
½ cdta	3 ml	pimienta neg[ra] triturada
2	2	cabezas de lechuga Rom[ana] lavadas
⅓ taza	50 g	tocineta coci[da] en cubitos
⅓ taza	15 g	crotones

Preparación:

Ponga el ajo, las yemas de huevo, la mostaza, [el] azúcar y la pimienta de Cayena en una licuado[ra] o procesador de alimentos. Con el aparato en marcha, muy lentamente, agregue el aceite en [un] chorrito fino hasta que la mezcla tenga la consistencia de mayonesa. Incorpore revolvien[do] el jugo de limón, el suero de leche, el queso, l[os] cebollines, los jalapeños y la pimienta. Corte la[s] lechuga en trocitos tamaño bocadito y póngal[os] en un tazón grande. Cubra la lechuga con el aderezo y revuelva para que se unte bien.

Sirva la ensalada en platos fríos. Adórnela con tocineta y los crotones.

PARA 6 PORCIONES

Lasaña de Mariscos con Verdur

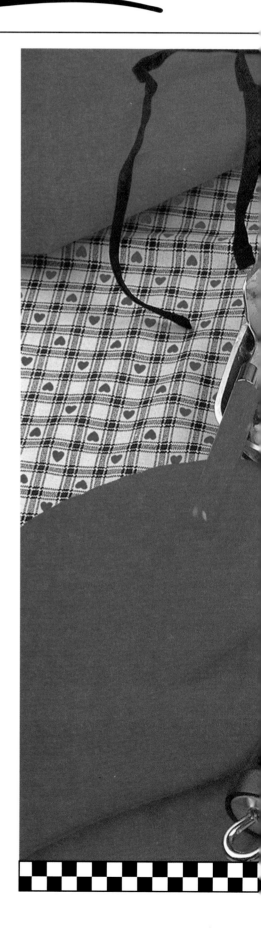

Ingredientes:

½ lb	225 g	fideos mafalda*
3 cdas	45 ml	mantequilla
2 cdas	30 ml	aceite de oliva
½ taza	70 g	zanahorias en cubitos
1	1	cebolla pequeña en cubitos
1	1	pimiento dulce rojo, en cubitos
2	2	tallos de apio en cubitos
3 cdas	45 ml	harina
½ taza	75 g	chícharos
1 taza	75 g	flores de brócoli
1 taza	250 ml	caldo de pollo (vea la página146)
½ taza	125 ml	crema de batir
⅓ taza	40 g	queso Parmesano recién rallado
1 cdta	5 ml	sal
½ cdta	3 ml	pimienta negra triturada
1½ taza	260 g	mariscos: camarón o cangrejo o langosta o combinación
1½ taza	150 g	queso Cheddar rallado
⅓ taza	35 g	queso Romano recién rallado

Preparación:

Ponga a cocer los fideos en una olla grande con agua salada hirviendo. Escúrralos y enjuáguelos con agua fría. Póngalos en una bandeja de hornear grande engrasada.

Caliente juntos la mantequilla y el aceite. Sofría las zanahorias, la cebolla, la pimienta y el apio hasta que se ablanden. Espolvoree con harina. Cocine por 2 minutos. Agregue los chícharos, el brócoli, el caldo y la crema. Cocine a fuego lento hasta espesar. Agregue queso, los condimentos y los mariscos. Ponga encima de los fideos.

Espolvoree con los quesos Cheddar y Romano. Ponga por 20 minutos en un horno precalentado a 375°F (190°C). Sirva.

PARA 4 PORCIONES

* El Mafalda es un fideo de 1" (2 ½ cm) de ancho que se puede conseguir en la sección de pastas de su supermercado.

Hinojo y Salchicha Italiana,
Prosciutto y Orzo

Ingredientes:

3 cdas	45 ml	aceite de oliva con hierbas
1 cda	30 ml	mantequilla
1 taza	135 g	cebolla picada
1	1	pimiento dulce rojo picado
6	6	dientes de ajo picados fino
½ taza	125 g	hinojo picado
8 oz	225 g	salchichas italianas, sin las envolturas
4 oz	115 g	prosciutto picado fino
1 cdta	5 ml	sal
½ cdta	3 ml	pimienta negra triturada
1 taza	185 g	orzo
¾ taza	180 ml	vino blanco
3 tazas	750 ml	caldo de pollo (vea la página 146)
¾ taza	80 g	queso Parmesano recién rallado

Preparación:

Caliente el aceite y la mantequilla en una cacerola grande y sofría las cebollas y el pimiento dulce. Incorpore el ajo, el hinojo, y la salchicha, rompiendo la salchicha. Sazone con la sal y la pimienta.

Agregue el orzo y sofría por 1 minuto, asegurándose que el orzo esté bien untado con el aceite.

Caliente juntos el vino y el caldo y agréguelos al orzo en tercios, dejando que el orzo absorba el líquido antes de poner el tercio siguiente. Cuando el orzo haya absorbido todo el líquido, quítelo del fuego e incorpore el queso Parmesano.

PARA 4 PORCIONES

Esquina del Chef

Cebolla

Es el vegetal que hace que valga la pena llorar por algún plato. Las cebollas se han convertido algo indispensable en todas las áreas de la coci excepto en los postres. Las cebollas pertenecer la familia de las lilas, como también pertenecen ajo, los cebollines y los puerros.

Las cebollas se pueden encontrar como chalote que son cebollas pequeñas con muchos bulbos que algunas veces tienen un sabor más suave que las variedades más grandes. Las cebolletas (cebollas verdes) son largas, delgadas, blandas de sabor suave. Son excelentes para sopas y salsas.

De las cebollas que se venden en el mercado, l Bermudas son las más comunes. De sabores suaves a fuertes, se les encuentra de color blanc amarillo o rojo. Las cebollas españolas, en form muy similar a las Bermudas, tienen sabor suave son de tamaño muy grande. Se pueden conseg de color blanco o amarillo. Las cebollas platead son de menor tamaño que las Bermudas pero tienen un sabor muy fuerte.

Las cebollas de perla o botón son muy pequeña y se les encuentra en variedades rojas o blancas A menudo se usan para guisos, blanquetas y otros platos parecidos. Las cebollas Vidalia son similares a las Bermudas. Sin embargo, son mu dulces y se usan para platos que requieren un sabor más suave.

El mayor problema de las cebollas es que suelta un irritante que molesta los ojos y causa lágrime Aunque hay tantas maneras de evitar esto tal como hay variedades de cebollas, ninguna de esas maneras es válida para detener las lágrima Algunos de los remedios más útiles incluyen el uso de un cuchillo muy afilado ya que los cuchillos sin filo magullan la piel y ésta suelta m irritante, o tratar de mantener húmeda la cebolla pero no mojada, y de esta forma no se va a mover ni a magullar mientras usted la corta.

Manicottis de Pollo

Ingredientes:

¾ lb	340 g	Masa de Pasta Básica comercial o ½ tanto de nuestra receta (vea la página 78)
10 oz	230 g	paquete de espinaca congelada, ya descongelada y escurrida
½ lb	225 g	queso Ricotta
½ lb	225 g	queso Mascarpone
½ taza	65 g	queso Parmesano rallado
2	2	huevos grandes
2½ tazas	400 g	pechuga de pollo cocida, en cubitos
1 cda	15 ml	albahaca fresca picada
1 cdta	5 ml	pimienta
3 cdas	45 ml	mantequilla
3 cdas	45 ml	harina de todo uso
1 taza	250 ml	caldo de pollo (vea la página 146)
1 taza	250 ml	leche 50% crema
¼ taza	30 g	queso Romano rallado

Preparación:

Prepare la pasta de acuerdo a las instrucciones y córtela en 12 tubitos de manicotti. Póngalos a cocer en 8 tazas (2 L) de agua salada hirviendo. Escúrralos y enfríelos en agua fría.

Mientras la pasta se está cociendo, sáquele toda el agua a la espinaca.

Precaliente el horno a 350°F (180°C).

Mezcle juntos la espinaca, el Ricotta, el Mascarpone, el Parmesano, los huevos, el pollo, la albahaca y la pimienta. Con una cuchara ponga la mezcla de queso en los manicottis, ciérrelos y colóquelos con el cierre hacia abajo en un molde de 9 x 13 pulgadas (23 x 33 cm).

Derrita la mantequilla en una cacerolita salsera, agregue la harina y cocine por 2 minutos a calor bajo. Agregue el caldo de pollo y la crema, cocine a fuego lento hasta que esté muy espeso. Póngale encima a los manicottis, espolvoréelos con queso Romano. Ponga una tapa y hornee por 20 minutos. Quite la tapa y hornee 15 minutos más, hasta que el queso esté bien dorado.

PARA 6 PORCIONES

Ensalada Veraniega de Pasta Picar

Ingredientes:

8 oz	225 g	Rotini de muchos colores
1 taza	120 g	ejotes frescos cortados en trozos de 1" (2,5 cm), cocidos
2	2	calabacín italiano pequeño, en rodajas
2	2	calabaza amarilla pequeña, en rodajas
1 taza	155 g	zanahoria en rodajas finas
1	1	cebolla roja mediana, cortada en octavos
1½ taza	375 ml	Ailloli
¼ taza	20 g	hojas de albahaca fresca picadas
½ taza	75 g	tomates secos al sol, en aceite, picados
¼ taza	35 g	queso Parmesano rallado
1¼ cdta	6 ml	escamitas de chile rojo
		sal y pimienta al gusto
¼ taza	15 g	perejil fresco picado

Preparación:

Prepare la pasta de acuerdo a las intrucciones del paquete; escúrrala y póngala a enfriar en agua fría.

En una fuente grande de servir, mezcle los ejotes, el calabacín italiano, la calabaza, la zanahoria, y la cebolla.

Combine la pasta y las verduras. Mezcle la ensalada con el Ailloli.

Incorpore la albahaca, los tomates, el queso Parmesano, y las escamitas de chile rojo.

Pruebe y ajuste el sazonamiento con sal y pimienta, adorne con el perejil y sirva.

PARA 4 PORCIONES

Ailloli

Ingredientes:

2	2	dientes de a machacados hasta hacerl pasta
2	2	yemas de huevo
½ cdta	3 ml	sal
pizca	pizca	pimienta
½ cdta	3 ml	mostaza de Dijon
1 taza	250 ml	aceite de oli
4 cdtas	20 ml	vinagre de vino

Preparación:

En una licuadora o procesador de alimentos, ha una crema con el ajo, las yemas de huevo, la s la pimienta y la mostaza.

Con el aparato en marcha, agregue el aceite cc un chorrito fino y lento. Agregue el vinagre.

Viértalo en un tazón de servir o úselo como desee.

PRODUCE 1½ taza (375ml)

Esquina del Chef

Orzo

El Orzo es una pasta seca de forma de granit de arroz; se encuentra en la sección de pasta de su tienda de comestibles.

Ensalada de Cous Cous y Calabacín Italia

Ingredientes:

1	1	diente de ajo
2	2	yemas de huevo
1 cdta	5 ml	mostaza en polvo
2 cdtas	10 ml	azúcar
⅛ cdta	pizca	pimienta de Cayena
1½ taza	375 ml	aceite de oliva
3 cdas	45 ml	jugo de limón
¼ taza	60 ml	suero de leche
⅓ taza	40 g	queso Parmesano recién rallado
2 cdas	30 ml	cebollines picados fino
½ cdta	3 ml	pimienta negra triturada
2 tazas	340 g	cous cous
1 taza	150 g	calabacín italiano, en cubitos finos
3	3	tomates pelados, sin semillas, picados
6	6	cebollas verdes, picadas fino

Preparación:

Ponga el ajo, las yemas de huevo, la mostaza, el azúcar y la pimienta de Cayena en una licuadora o procesador de alimentos. Con el aparato en marcha, agregue lentamente el aceite en un chorrito fino hasta que la mezcla tenga la consistencia de mayonesa. Incorpore el jugo de limón, el suero de leche, el queso Parmesano, los cebollines y la pimienta.

Cocine el cous cous. Escúrralo y enfríelo. Póngalo en un tazón de mezclar y agregue las verduras.

Póngale el aderezo a la ensalada. Refrigérela por 2½ horas. Sirva.

PARA 8 PORCIONES

NOTA: Esta ensalada no se puede dejar para el día siguiente. Se debe servir inmediatamente después de que se refrigeró.

Fettucini de Ternera al Cur

Ingredientes:

1 ½ lb	675 g	espaldilla de ternera, en cubitos de ¾" (2 cm)
4 tazas	1 L	caldo de pollo (vea la página 146)
2 cdtas	10 ml	sal
20	20	cebollitas perla
4	4	zanahorias, en tiras finas
2 cdas	30 ml	mantequilla
2 cdas	30 ml	harina de todo uso
2 cdas	30 ml	curry en polvo
2 cdas	30 ml	jugo de limón
2	2	yemas de huevo
1 lb	454 g	fideos de fettucini
1 cda	15 ml	perejil picado

Preparación:

En una olla de hierro, ponga la ternera, el caldo de pollo y la sal. Tape y cocine a fuego lento por 1 ½ hora. Agregue las cebollas y la zanahoria. Continúe cocinando por 15 minutos. Saque 2 tazas (500 ml) de líquido.

Derrita la mantequilla en una cacerola pequeña. Agregue la harina y el curry en polvo. Cocine por 3 minutos a calor bajo. Agregue lentamente las 2 tazas (500 ml) de líquido, revolviendo hasta espesar.

Bata el jugo de limón en las yemas de huevo e incorpórelos en la salsa. **No la hierva**.

Hierva 12 tazas (3 L) de agua salada. Ponga a cocer los fideos de fettucini hasta que estén "al dente". Escúrralos y páselos a una fuente de servir.

Póngale la salsa a la ternera. Vuelva a calentar pero no hierva. Póngasela a los fideos y adorne con el perejil. Sirva inmediatamente.

PARA 6 PORCIONES

Esquina del Chef

Flores Comestibles

Hoy en día, muchos/as cocineros/as se han dado cuenta de las ventajas de usar flores comestibles, no sólo para adornar sus platos finales, sino que también como hierbas que mejoran el sabor.

Usted puede usar alguna de las siguientes:

Flor de Mantequilla de Calabaza Veraniega tiene el sabor suave de la calabaza de donde se obtiene.

Caléndula, flor de maravilla - tiene un sabor ligero y suave a pimienta. Le da realce a sopas y ensaladas.

Clavel - tiene un sabor suave. Generalmente encuentra durante todo el año; viene en una gran variedad de colores que complementan cualquier plato.

Dianthus - tiene un sabor suave a clavo de olor. Se consigue en colores rosado, rojo y blanco.

Juanitos Saltarines - tienen un sabor suave a hierbas ericáceas aromáticas; se les encuentra en amarillo, violeta o lavanda. Son excelentes con frutas y helados.

Maravilla - tiene un ligero sabor a limón. úse en vez de azafrán, ya que la maravilla es mucho menos cara.

Capuchina - tiene un fuerte sabor a pimienta probablemente es la más popular de las flores comestibles.

Canarios Trepadores - son parte de la familia de las capuchinas, parecen pajaritos. Son perfectas para platos con salsas de fruta.

Violeta Dulce - tiene sabor a hierba ericácea aromática y es de color violeta. Es una adorno excelente para postres ya que tiene un sabor ligeramente dulce.

Ingredientes:

2	2	dientes de ajo
2	2	yemas de huevo
½ cdta	3 ml	sal
⅛ cdta	pizca	pimienta
½ cdta	3 ml	mostaza de Dijon
1 taza	250 ml	aceite de oliva
4 cdtas	20 ml	vinagre de vino
1 taza	60 g	rapini
1 taza	80 g	yemas de coliflor
1	1	zanahoria grande en tiras finas
1	1	tallo de apio, en tiras finas
1	1	pimiento dulce rojo, en tiras finas
1 taza	165 g	tomates pelados, sin semillas, picados
4	4	cebollas verdes picadas
4 tazas	480 g	rotini cocido
1 taza	100 g	Cheddar rallado

Preparación:

En una licuadora o procesador de alimentos, haga una crema con el ajo, las yemas de huevo, la sal, la pimienta y la mostaza.

Con el aparato en marcha, ponga el aceite en un chorrito lento y fino. Agregue el vinagre.

En una ensaladera grande, mezcle las verduras con el rotini.

Ponga el aderezo encima de la ensalada y mezcle bien. Póngala en tazones de servir fríos, espolvoréela con el queso Cheddar y sirva.

PARA 6 PORCIONES

Placer de Pasta con Pollo y Orégan

Ingredientes:

1½ lb	675 g	pechuga de pollo sin hueso
10 oz	300 g	pasta de conchitas pequeñas
1 lb	454 g	rapini o brócoli, en cubitos
2 cdas	30 ml	aceite de oliva saborizado con hierbas
4	4	dientes de ajo picados fino
1 cda	15 ml	orégano fresco picado
1½ taza	375 ml	caldo de pollo* de doble fuerza (vea la página 146)
1¼ lb	570 g	tomates pelados, sin semillas, en cubitos
2 tazas	500 ml	crema liviana
		queso Parmesano al gusto

Preparación:

Corte el pollo en cubitos gruesos.

Ponga a cocer la pasta "al dente" en 8 tazas (2 L) de agua salada hirviendo, escúrrala, póngala a enfriar.

Cueza al vapor el rapini o el brócoli hasta que se ablande.

Dore el pollo en el aceite de oliva en una sartén grande. Espolvoree con harina, reduzca la temperatura y cocine por 2 minutos. Agregue el ajo, el orégano, el caldo de pollo y los tomates, sofría por 5 minutos. Agregue la crema liviana, incorpore el rapini o brócoli cocido. Agregue la pasta y cocine a fuego lento 5 minutos. Sirva con queso Parmesano.

PARA 6 PORCIONES

* Nota: El caldo de doble fuerza se hace reduciendo el caldo al 50% de su volumen original. Por ejemplo, 3 tazas (750 ml) de caldo de pollo van a producir 1½ taza (375 ml) de caldo de doble fuerza.

Caldo de Pollo

Ingredientes:

2 ¼ lbs	1kg	huesos de pollo con carne
10 tazas	2,5 L	agua fría
2	2	tallos de apio, picados grueso
2	2	zanahorias grandes, picada grueso
1	1	cebolla picada grueso
1	1	ramito de hierbas (bouquet garni)
1 cdta	5 ml	sal

Preparación:

Ponga los huesos en una olla grande.

Agregue el agua y los ingredientes restantes. Cocine a fuego lento sin tapar por 8-10 horas temperatura muy baja.

Saque la carne (guárdela y úsela como desee) los huesos (tírelos), el ramito de hierbas (tírelos) y las verduras (tírelos). Pase el caldo por una muselina o colador fino.

Ponga el caldo a refrigerar y quítele toda la grasa de la superficie.

Deje el caldo en refrigeración por 24 horas antes de usarlo. Uselo para sopas, salsas, o como desee.

PRODUCE 6 tazas (1½ L)

Esquina del Chef

Ramito de Hierbas (Bouquet Garni)

Para hacer el Bouquet Garni, ate juntos 2 ramitas de tomillo fresco, 2 ramitas de mejorana, 6 granos de pimienta, 1 hoja de laurel, 6 ramitas de perejil y 1 puerro en una muselina o paño fino.

Filete Stroganoff con Fideo

Ingredientes:

2 cdas	30 ml	aceite de girasol
2 cdas	30 ml	mantequilla
1	1	tallo de apio en cubitos
1	1	cebolla pequeña en cubitos
1	1	pimiento dulce verde, en cubitos
1 lb	454 g	lomito en rodajas finas
3 cdas	45 ml	harina de todo uso
1½ taza	375 ml	caldo de carne (vea la página 82)
¼ taza	60 ml	Jerez
½ cdta	3 ml	de cada una: sal, pimienta, paprika
1 cdta	5 ml	mostaza de Dijon
1 taza	235 g	crema ácida
3 tazas	240 g	fideos penne

Preparación:

Caliente el aceite y la mantequilla en una sartén grande. Sofría las verduras. Agregue la carne y sofríala. Espolvoree con harina. Cocine por 3 minutos.

Agregue el caldo de carne, el Jerez, los condimentos y la mostaza. Reduzca la temperatura y cocine a fuego lento, tapado, por 1½ hora.

Ponga a cocer los fideos en 12 tazas (3 L) de agua salada hirviendo. Escurra y pase a una fuente o tazón de servir.

Combine la crema ácida con la mezcla de stroganoff y mezcle bien. Cubra los fideos con la salsa stroganoff. Sirva.

PARA 4 PORCIONES

Lingüini de Alforfón
con Velouté de Cheddar

Ingredientes:

¾ lb	345 g	Masa de Pasta de Alforfón comercial o 1 tanto de nuestra receta*
3 cdas	45 ml	mantequilla
3 cdas	45 ml	harina de todo uso
2 tazas	500 ml	caldo de pollo (vea la página 146)
½ taza	125 ml	leche 50% crema
1 taza	115 g	queso Cheddar
⅓ taza	45 g	queso Parmesano rallado

Preparación:

Prepare la pasta de acuerdo a las instrucciones y córtela en fideos de lingüini.

En una cacerola pequeña, derrita la mantequilla, agregue la harina, reduzca la temperatura y cocine por 2 minutos. Incorpore el caldo y la leche 50% crema, cocine a fuego lento hasta que se espese. Agregue los quesos y cocine a fuego lento por 10 minutos.

Ponga a cocer la pasta "al dente" en una olla grande de agua salada hirviendo, escúrrala. Póngala en platos y báñela con la salsa de queso.

PARA 6 PORCIONES

* Los fideos de alforfón (trigo sarraceno) tienden a ser pesados y por esa razón esta receta se aconseja como entremés o plato incial en vez de para la propia comida.

Variación: Combine ⅓ taza (40 g) de queso Cheddar con 1 taza (225 g) de queso Ricotta, y ponga esta mezcla con una cuchara sobre la pasta o alrededor de ella cuando la sirva.

Pasta de Alforfón

Ingredientes:

1 taza	250 ml	harina de alforfón
½ taza	125 ml	harina de sémola
1	1	huevo extra largo, batido
¼ taza	60 ml	leche fría con hielo
		agua fría con hielo, sólo si se necesita

Preparación:

Combine las dos harinas en un tazón. Agregue el huevo y leche. Amase hasta tener una pelota fina y homogénea (agregue cantidade pequeñas de agua fría si se necesita).

Amase 15 minutos y deje que la masa repose 15 minutos más. Pásele el rodillo. Espolvoree con un poco de harina, doble la masa en tres, pásele de nuevo el rodillo. Repita de 6 a 8 veces.

Luego pase la masa por la máquina de pasta ajustando los rodillos internos gradualmente hasta lograr el ancho deseado. El resultado debe ser una lámina homogénea de masa, lista para prepararla como usted desee.

PARA 6 PORCIONES

Esquina del Chef

Pasta de Alforfón

Esta pasta ya cocida generalmente se sirve mezclada con otras clases de pasta cocida.

Pollo con Fideos
y Champiñones con Garam Masala

Ingredientes:

3 cdas	45 ml	aceite de oliva o vegetal
4 oz	120 g	champiñones en rodajas
¾ lb	340 g	pechugas de pollo, sin hueso, sin piel, cubos de 1" (2,5 cm)
½ taza	125 ml	leche 50% crema
2 cdas	30 ml	perejil fresco picado
½ cdta	3 ml	mostaza de Dijon con semillas
2 cdtas	10 ml	Garam Masala
12 oz	340 g	fideos penne
		sal y pimienta al gusto

Preparación:

Caliente el aceite en una sartén muy grande, a calor mediano. Agregue los champiñones y el pollo, revolviendo hasta que el pollo se dore, unos 6 minutos. Agregue la leche 50% crema, el perejil, la mostaza y la Garam Masala a la sartén y revuelva para quitar los trocitos color café del fondo y lados de la sartén. Caliente hasta que hierva, reduzca el volumen a la mitad.

Mientras la salsa se está cociendo, cocine los fideos en 3 litros de agua salada hirviendo.

Escurra la pasta y pásela a la sartén. Caliente a fuego bajo, revolviendo, hasta que los fideos se mezclen bien con la salsa. Agregue sal y pimienta al gusto; sirva en platos calientes.

PARA 4 PORCIONES

Garam Masala

Ingredientes:

1 cda	15 ml	coriandro molido
1 cda	15 ml	comino
2 cdtas	10 ml	jengibre molido
2 cdtas	10 ml	cúrcuma
½ cdta	3 ml	pimienta de Cayena
½ cdta	3 ml	pimienta negra
1 ½ cdta	8 ml	cardamomo molido
¼ cdta	1 ml	clavos de olor molidos
¼ cdta	1 ml	pimienta de Jamaica
¼ cdta	1 ml	hojas de laurel molidas
¼ cdta	1 ml	nuez moscada molida
¼ cdta	1 ml	canela molida

Preparación:

Combine las especias en un triturador de especias. Mézclelas bien.

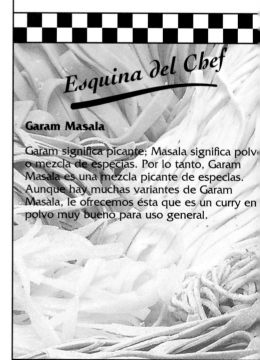

Esquina del Chef

Garam Masala

Garam significa picante; Masala significa polvo o mezcla de especias. Por lo tanto, Garam Masala es una mezcla picante de especias. Aunque hay muchas variantes de Garam Masala, le ofrecemos ésta que es un curry en polvo muy bueno para uso general.

Vongolé de Fettucini 2

Ingredientes:

1 lb	454 g	Masa de Pasta Verde comercial o 1 tanto de nuestra receta (vea la página 110)
36	36	almejas frescas
1 taza	250 ml	vino blanco seco
1 cda	15 ml	mantequilla
2	2	dientes de ajo, picados fino
1 cda	15 ml	harina de todo uso
½ taza	125 ml	crema liviana
2 cdas	30 ml	pasta de tomate
½ cdta	3 ml	sal
¼ cdta	1 ml	pimienta blanca
1 cdta	5 ml	ralladura de limón
⅔ taza	75 g	queso Romano recién rallado
2 cdas	30 ml	perejil fresco picado

Preparación:

Prepare la pasta de acuerdo a las instrucciones. Córtela en fettucinis.

Limpie las almejas raspándolas, y póngalas en una cacerola, écheles el vino. Cocine a fuego lento a temperatura baja por 6-8 minutos hasta que se abran las almejas, saque las almejas y consérvelas calientes. Conserve el vino.

Caliente la mantequilla en una sartén, agregue el ajo y sofría por 1 minuto. Agregue la harina, reduzca la temperatura y cocine por 2 minutos, incorpore batiendo el vino. Agregue la crema, cocine a fuego lento por 5 minutos. Incorpore la pasta de tomate, los condimentos y la ralladura de limón. Cocine a fuego lento por 3 minutos más, agregue las almejas que se reservaron y cocine a fuego lento por 3 minutos.

Ponga a cocer los fideos en una olla grande de agua salada. Escúrralos y póngalos en platos de servir.

Agregue la mitad del queso Romano a la salsa. Con una cuchara, póngale la salsa al fettucini. Espolvoree con perejil y el resto del queso Romano, y sirva inmediatamente.

PARA 6 PORCIONES

Fettucini de Pollo Mandarí

Ingredientes:

1 lb	454 g	Masa de Pasta Básica comercial o 1 tanto de nuestra receta (vea la página 78)
1 cda	15 ml	mantequilla
1	1	diente de ajo, picado fino
1 cdta	5 ml	jengibre picado fino
1 taza	250 ml	jugo de naranja concentrado
1/4 taza	60 ml	salsa teriyaki
2 cdas	30 ml	Jerez
2 cdas	30 ml	jugo de lima
12 oz	345 g	pechugas de pollo, sin hueso, sin piel, en rodajas
1 taza	155 g	castañas de agua, en rodajas, escurridas
2	2	manojos de berro, picados grueso
3 cdas	45 ml	nueces un poco tostadas, picadas
2	2	naranjas en gajos

Preparación:

Prepare la pasta de acuerdo a las instrucciones, córtela en fideos de fettuccini.

En una cacerola, caliente la mantequilla y sofría el ajo y el jengibre. Combine el jugo de naranja, la salsa teriyaki, el Jerez y el jugo de lima, póngalos en la cacerola y hierva. Agregue las pechugas de pollo, ponga una tapa y reduzca la temperatura; cocine a fuego lento por 6 minutos.

Agregue la castañas de agua, continúe cocinando a fuego lento por 3 minutos.

Mientras la salsa se cocina, ponga a cocer la pasta en 8 tazas (2 L) de agua salada hirviendo. Escúrrala.

En un tazón de servir grande, mezcle la pasta caliente, el berro y las nueces. Póngala en platos de servir. Cúbrala con la mezcla de pollo, báñela con la salsa y sírvala adornada con los gajos de naranja.

PARA 4 PORCIONES

Orecchiettes a la Toronto

Ingredientes:

2	2	pimientos dulces rojos
1 lb	454 g	carne de salchicha italiana pican
2 cdas	30 ml	aceite de oliv
1	1	cebolla española gran
2 tazas	320 g	tomates pelados, sin semillas, en cubitos
2 cdas	30 ml	mantequilla
2 cdas	30 ml	harina de tod uso
1 taza	250 ml	leche
1/4 cdta	1 ml	sal
1/4 cdta	1 ml	pimienta blar
pizca	pizca	nuez moscad
1 lb	454 g	pasta de orecchiettes

Preparación:

Precaliente el horno a 400°F (200°C) y ase lc pimientos por 20 minutos. Sáquelos del hor y pélelos. Sáqueles el corazón, las semillas y las membranas. Píquelos en cubitos finos.

En una cacerola, dore la carne de salchicha. Escurra el exceso de grasa. Agregue el aceit sofría la cebolla hasta que se ablande. Agreg los cubitos de pimiento rojo y de tomates. Reduzca la temperatura y cocine a fuego len por 30 minutos.

Derrita la mantequilla en otra cacerola. Agregue harina y revuélvala hasta hacer una pasta (roux). Cocine por 2 minutos a temperatura baja.

Agregue la leche y cocine a fuego lento revolviendo hasta espesar. Agregue los condimentos y cocine a fuego lento 2 minut más. Combine la mezcla de tomate con la sa blanca. Cocine a fuego lento por 10 minutos

Mientras la salsa se cocina, ponga a cocer la pasta en 8 tazas (2 L) de agua salada hirviendo, por 8-9 minutos o hasta que esté dente". Pase la pasta a un plato de servir y báñela con salsa. Sirva.

PARA 6 PORCIONES

Rigatoni de Albahaca
con Cuatro Quesos

Ingredientes:

12 oz	340 g	rigatoni
2 cdas	30 ml	mantequilla
4 oz	120 g	queso Bel Paese desmenuzado
4 oz	120 g	queso Fontina desmenuzado
2 oz	60 g	queso Gorgonzola desmoronado
1 taza	250 ml	crema de batir
¼ taza	20 g	albahaca fresca picada
¼ taza	30 g	queso Parmesano recién rallado
1 cdta	5 ml	pimienta negra triturada
2 cdas	30 ml	pimientos dulces rojos, en cubitos finos
2 cdas	30 ml	pimientos dulces amarillos, en cubitos finos

Preparación:

Ponga a cocer el rigatoni en 8 tazas (2 L) de agua salada hirviendo.

Mientras el rigatoni se está cociendo, derrita la mantequilla en una cacerola. Agregue los tres primeros quesos, revolviendo hasta que se derritan. Incorpore la crema y la albahaca.

Ponga la pasta en un plato grande; agregue la salsa, revolviendo suavemente para que se unte.

Espolvoree con el queso Parmesano y la pimienta.

Adorne con los pimientos rojos y amarillos. Sirva inmediatamente.

PARA 4 PORCIONES

Ingredientes:

2 lbs	900 g	Masa de Pasta Verde comercial o 1 tanto de nuestra receta (vea la página 110)
2	2	huevos, batidos
8 oz	225 g	cuajo de soya (tofu) medio suave
2 tazas	280 g	requesón de cuajo duro
1 lb	454 g	Ricotta - parcialmente descremado
1½ taza	190 g	queso Romano rallado
3 tazas	750 ml	Salsa de Trocitos de Tomate

Preparación:

Prepare la pasta de acuerdo a las instrucciones. Pásele el rodillo para hacer láminas finas. Corte las láminas en trozos de 4½ x 11 pulgadas (11,25 x 27,50 cm). Ponga a cocerlas en una olla grande de agua salada hirviendo. Escúrralas y manténgalas en agua fría hasta que las vaya a usar.

Combine los huevos con el tofu y los quesos. Aparte ½ taza (60 g) de queso Romano.

En una bandeja de hornear grande enmantequillada, ponga una capa fina de la Salsa de Trocitos de Tomate. Ponga encima una capa de fideos. Agregue otra capa de Salsa de Trocitos de Tomate y luego una capa de la mezcla de queso. Continúe alternando capas hasta completar. Asegúrese de terminar con una capa de la Salsa de Trocitos de Tomate. Espolvoree con el queso Romano que apartó. Cubra con papel de aluminio.

Ponga en un horno a 400°F (200°C), por 25 minutos. Quite el papel de aluminio y hornee 8 minutos más. Sirva.

PARA 8-10 PORCIONES

Salsa de Trocitos de Tomate

Ingredientes:

2 cdas	30 ml	aceite de oliva
2	2	dientes de ajo picados fino
1	1	pimiento dulce verde, en cubito
1	1	cebolla en cubit
2	2	tallos de apio, en cubitos
4 oz	120 g	champiñones e rodajas
1 cdta	5 ml	sal
½	3 ml	pimienta
1 cdta	5 ml	hojas de albaha
½ cdta	3 ml	hojas de orégar
½ cdta	3 ml	hojas de tomillo
½ cdta	3 ml	paprika
¼ cdta	1 ml	pimienta de Cayena
3 lbs	1,35 kg	tomates pelado sin semillas, en cubitos

Preparación:

Caliente el aceite en una cacerola. Sofría el ajo, el pimiento verde, la cebolla, el apio y los champiñones hasta que se ablanden. Agregue lo condimentos y los tomates.

Cocine a fuego lento por 3 horas o hasta que obtenga el espesor deseado. Usela como desee.

PRODUCE 4-6 tazas (1-1,5 L)

Esquina del Chef

Tofu (Lasaña de Queso de Dieta)

Cultivada por muchos años, la soya o sea los frijoles de soya han sido un alimento básico tar para consumo humano como para animales. Aunque en un tiempo sólo eran popular en los países asiáticos, las ventajas de los frijoles de se han sido bien recibidas en la América del Norte Los alimentos derivados de la soya son: tofu (cuajo), tempeh (que se fermenta de los frijoles de soya), y salsa de soya.

Tortellini de Caracoles con Nue

Ingredientes:

³/₄ lb	340 g	Masa de Pasta Básica comercial o ¹/₂ tanto de nuestra receta (vea la página 78)
36	36	caracoles
¹/₄ taza	60 ml	crema liviana
2 cdas	30 ml	licor Amaretto
1 taza	110 g	trocitos de nueces sin cáscara
3 cdas	45 ml	miga de pan
3 cdas	45 ml	aceite de oliva
2	2	dientes de ajo picados fino
3 cdas	45 ml	perejil picado
¹/₄ taza	50 g	mantequilla suave
2 cdas	30 ml	crema de batir
		sal y pimienta al gusto
		ramltas de perejil
		ralladura de limón

Preparación:

Prepare la masa de acuerdo a las instrucciones.

Pásele el rodillo a la masa hasta que tenga una lámina fina. Con un cortador de galletas redondas de 3" (7,5 cm), corte 36 círculos. Cubra los círculos con un paño húmedo para evitar que se sequen.

Con una brochita póngale agua a los círculos de pasta. Ponga un caracol en cada círculo. Dóblelo y apriete los bordes para sellarlos. Encrespe los bordes alrededor del relleno y apriételos para que se peguen.

Ponga a cocer los tortellinis hasta que floten, en 3 litros de agua salada hirviendo, escúrralos.

Caliente la crema y el Amaretto en una cacerola, agregue el tortellini y cocine a fuego lento 3 minutos.

Mientra el tortellini se está cociendo, pique grueso las nueces, ponga ¹/₄ (30 g) de taza en un tazón. Ponga las nueces restantes en un procesador de alimentos junto con la miga de pan, el aceite, el ajo y el perejil, triture todo hasta que esté fino y homogéneo. Incorpore la sal y la pimienta.

Incorpore el tortellini cocido, póngalo en platos, échele la salsa de crema y amaretto; adorne con las ramitas de perejil, la ralladura de limón, y los trocitos de nuez que apartó.

PARA 4 PORCIONES

Fideos Penne a la Arrabia

Ingredientes:

¼ taza	50 g	mantequilla
4 oz	120 g	champiñones Porcini, en rodajas
2	2	dientes de ajo picados fino
2	2	zanahorias en cubitos
1	1	cebolla en cubitos
2	2	tallos de apio en cubitos
2 ¼ lbs	1kg	tomates pelados, sin semillas, picados
3	3	hojas de laurel
1 cdta	5 ml	hojas de tomillo
1 cdta	5 ml	hojas de orégano
1 cdta	5 ml	hojas de albahaca
1 cda	15 ml	sal
1 cdta	5 ml	pimienta
1 cda	15 ml	chiles rojos machacados
1 lb	454 g	fideos Penne
¼ taza	35 g	queso Parmesano rallado

Preparación:

Caliente la mantequilla en una olla grande, y sofría los champiñones, el ajo, las zanahorias, la cebolla y el apio hasta que se ablanden. Agregue los tomates, los condimentos y los chiles. Reduzca la temperatura y cocine a fuego lento por 3 horas.

Pase la salsa por un colador y regrésela a la olla, continúe cocinando a fuego lento hasta que la salsa esté muy espesa.

Ponga a cocer los fideos penne en 8 tazas (2 L) de agua salada hirviendo, hasta que estén "al dente". Ponga los fideos en un plato de servir y báñelos con salsa. Espolvoree con queso y sirva.

PARA 6 PORCIONES

Fideos Tailandeses

Ingredientes:

3 tazas	360 g	repollo picado
1	1	cebolla mediana picada
4 cdtas	20 ml	aceite de girasol
¼ taza	60 g	mantequilla de cacahuate con trocitos
1 cda	15 ml	jugo de lima fresco
4 cdtas	20 ml	azúcar morena
2 cdtas	10 ml	salsa de soya
2 cdtas	10 ml	salsa inglesa
¼ cdta	1 ml	chile rojo machacado
½ cdta	3 ml	polvo de Garam Masala
1	1	diente de ajo, picado fino
1	1	tallo de hierba de limón
1 taza	250 ml	leche de coco
1 lb	454 g	fideos de lingüini
1 cda	15 ml	cilantro fresco picado
1 cdta	5 ml	albahaca fresca picada

Preparación:

Sofría el repollo y la cebolla en el aceite hasta un poco antes de que se ablanden.

Agregue la mantequilla de cacahuate, el jugo de lima, el azúcar, la salsa de soya, la salsa inglesa, el chile rojo, el polvo de Garam Masala, el ajo y la hierba de limón. Caliente poco a poco, agregando gradualmente la leche de coco. No hierva.

Mientras la salsa se está cociendo, ponga a cocer la pasta en 8 tazas (2 L) de agua salada hirviendo, hasta que esté "al dente", escúrrala.

Mezcle el lingüini con la salsa y las verduras. Incorpore el cilantro y la albahaca. Sirva inmediatamente.

PARA 4 PORCIONES

Ingredientes:

8 oz	225 g	rotini de muchos colores
³/₄ taza	180 ml	aceite de oliva
¹/₄ taza	60 ml	vinagre
¹/₂ cdta	3 ml	pimienta
¹/₂ cdta	3 ml	mostaza en polvo
1 cdta	5 ml	sal
2 cdas	30 ml	jugo de limón
1	1	cebolla verde en cubitos finos
¹/₂ lb	225 g	ejotes en corte francés, cocidos
4	4	hojas de lechuga
4	4	tomates
4	4	huevos duros
2 tazas	500 ml	salmón cocido, en rodajitas finas
12	12	aceitunas negras, sin semilla
8	8	filetes de anchoa
1 cda	15 ml	hojas de albahaca fresca

Preparación:

Prepare el rotini de acuerdo a las instrucciones en el paquete, escúrralo y póngalo en un tazón de mezclar.

En un tazón de mezclar pequeño, combine el aceite, el vinagre, la pimienta, la mostaza, la sal, y el jugo de limón.

Ponga ¹/₄ del aderezo sobre el rotini. Refrigere por 1 hora.

Revuelva la cebolla y los ejotes con ¹/₄ del aderezo.

Mezcle los ejotes con el rotini.

Ponga las hojas de lechuga en platos fríos. Cúbralas con cantidades iguales de la ensalada.

Coloque bien distribuido cantidades iguales de tomate, huevo, salmón, aceitunas y anchoas sobre la ensalada. Vierta el resto de la salsa sobre la ensalada. Salpique con la albahaca y sirva.

PARA 4 PORCIONES

Fideos Penne a la Rosanne

Ingredientes:

2	2	pimientos dulces amarill
1 lb	454 g	carne de salchicha italiana picant
2 cdas	30 ml	aceite de oliva
1	1	cebolla española gran
2 tazas	320 g	tomates pelados, sin semillas, en cubitos
2 cdas	30 ml	mantequilla
2 cdas	30 ml	harina de todo uso
1 taza	250 ml	leche
¹/₄ cdta	1 ml	sal
¹/₄ cdta	1 ml	pimienta blanc
pizca	pizca	nuez moscada
1 lb	454 g	fideos penne

Preparación:

Precaliente el horno a 400°F (200°C) y ase los pimientos por 20 minutos. Sáquelos del horn y pélelos. Sáqueles el corazón, las semillas y las membranas. Píquelos en cubitos finos.

En una cacerola, dore la carne de salchicha. Escurra el exceso de grasa. Agregue el aceite sofría la cebolla hasta que se ablande. Agregu los cubitos de pimiento y de tomates. Reduzc la temperatura y cocine a fuego lento por 30 minutos.

Derrita la mantequilla en otra cacerola. Agregue la harina y revuélvala hasta hacer ur pasta (roux). Cocine por 2 minutos a temperatura baja.

Agregue la leche y cocine a fuego lento revolviendo hasta espesar. Agregue los condimentos y cocine a fuego lento 2 minuto más. Combine la mezcla de tomate con la sal blanca. Cocine a fuego lento por 10 minutos.

Mientras la salsa se cocina, ponga a cocer los fideos en 8 tazas (2 L) de agua salada hirviendo por 8-9 minutos o hasta que estén "al dente". Pase la pasta a un plato de servir y báñela con salsa. Sirva.

Ñoquis de California

Ingredientes:

10 oz	280 g	espinaca fresca lavada
2 lbs	900 g	papas
1	1	huevo batido
1½ taza	375 ml	harina de todo uso
3 cdas	45 ml	aceite de oliva
3 cdas*	225 g	harina de todo uso
⅔ taza	160 ml	caldo de pollo (vea la página 146)
⅔ taza	160 ml	crema liviana
⅓ taza	85 g	ketchup
2 cdtas	10 ml	salsa inglesa
1 cdta	5 ml	paprika
3 gotas	3 gotas	salsa Tabasco™
1 cda	15 ml	jugo de limón

Preparación:

Cueza la espinaca al vapor. Póngala a enfriar. Píquela o tritúrela hasta que esté muy fina.

Pele las papas y luego póngalas a cocer al vapor en una olla grande, hasta que se sientan blandas al pincharlas con el tenedor. Escúrralas bien. Hágalas puré. Incorpore la espinaca. Ponga la mezcla en un tazón de mezclar. Agregue el huevo y 1 taza (150 g) de harina. Amase añadiendo más harina según se necesite. La masa debe quedar firme pero suave.

En una cuchara, con la mezcla forme pelotitas de 1 cdta (5 ml). Amáselas suavemente en la mano. (Asegúrese de ponerse harina en las manos). Ponga las pelotitas en una superficie ligeramente enharinada y apriételas con un tenedor.

Cocine los ñoquis en una olla grande de agua salada hirviendo. Una vez que floten, cocínelos 3 minutos más.

Mientras los ñoquis se están cociendo, caliente el aceite en una cacerola, agregue 3 cdas (45 ml) de harina y cocine por 2 minutos a temperatura baja. Incorpore batiendo el caldo y la crema y cocine a fuego lento hasta que se espese.

Incorpore batiendo el resto de los ingredientes, continúe cocinando a fuego lento por 2 minutos más.

Escurra los ñoquis y póngalos en un tazón de servir grande, báñelos con la salsa y sirva.

PARA 6 PORCIONES

Capellinis de Camarón

Ingredientes:

10 oz	300 g	Masa de Pasta con Tomate comercial o $^1/_2$ tanto de nuestra receta (vea la página 98)
3 cdas	45 ml	aceite de oliva
3 cdas	45 ml	harina de todo uso
$^2/_3$ taza	160 ml	caldo de pollo (vea la página 146)
$^2/_3$ taza	160 ml	crema liviana
$^1/_3$ taza	85 g	ketchup
2 cdtas	10 ml	salsa inglesa
1 cdta	5 ml	paprika
3 gotas	3 gotas	salsa Tabasco™
1 cda	15 ml	jugo de limón
3 oz	85 g	queso Romano recién rallado
2 tazas	330 g	camarón de agua dulce, cocido

Preparación:

Prepare la masa de acuerdo a las instrucciones, córtela en fideos de capellini.

Caliente el aceite en una cacerola, agregue la harina y cocine por 2 minutos a temperatura baja. Incorpore batiendo el caldo y la crema, cocine a fuego lento hasta que se espese.

Incorpore batiendo los ingredientes restantes menos el camarón, continúe cocinando a fuego lento por 2 minutos más.

Ponga a cocer la pasta en 4 tazas (1 L) de agua salada hirviendo, hasta que esté "al dente".

Revuelva la pasta con la salsa, salpique con el camarón y sirva.

PARA 4 PORCIONES

Wong Doble de Pollo con Marañó

Ingredientes:

³/₄ lb	340 g	Masa de Pasta de Huevo comercial o 1 tanto de nuestra receta (vea la página 122)
4 cdas	60 ml	aceite de cacahuate
1 lb	454 g	pollo en cubitos
¼ taza	35 g	nueces de marañón sin sal
¼ lb	115 g	camarón
½ taza	70 g	apio en cubitos
½ taza	70 g	cebolla en cubitos
½ taza	40 g	champiñones en rodajas
½ taza	65 g	pimientos dulces verdes, en cubitos
2 cdas	30 ml	mantequilla de cacahuate sin sal
2 cdas	30 ml	salsa de soya
2 cdas	30 ml	Jerez
1 cda	15 ml	miel

Preparación:

Ponga a cocer los fideos en una olla. Escúrralos y apártelos.

Caliente el aceite en un wok o una sartén grande. Fría rápidamente el pollo, las nueces de marañón, el camarón y las verduras, hasta que el pollo esté bien cocido.

Agregue los fideos. Fría un lado y luego déles vuelta y fría el otro lado.

Combine la mantequilla de cacahuate, la salsa de soya, el Jerez y la miel. Póngale la mezcla encima a los fideos. Cocine 1 minuto y pase a un plato de servir. Sirva inmediatamente.

PARA 6 PORCIONES

Expresso Cannoli

Ingredientes:

⅓ taza	80 ml	agua caliente
3 cdas	45 ml	cristales de café instantáneo
1	1	huevo
2 tazas	300 g	harina de todo uso
4 tazas	1 L	aceite de girasol
¼ taza	35 g	azúcar de confitería
½ cdta	3 ml	extracto de vainilla
2 cdas	30 ml	caramelo de ralladura de naranja
2 cdas	30 ml	trocitos de chocolate
2 cdas	30 ml	nueces de pistacho picadas
2 tazas	430 g	queso Mascarpone
2 tazas	500 ml	Salsa de Café y Chocolate
1 taza	250 ml	crema batida endulzada
½ taza	60 g	frambuesas frescas
		hojas de menta para adornar

Preparación:

Disuelva los cristales de café en el agua. Ponga a enfriar. Bata el huevo y mézclelo en el café. Agregue la harina y amase hasta que tenga una pelota fina y homogénea. Pásele el rodillo y espolvoréela con un poco de harina, dóblela en tercios. Repita con el rodillo, espolvoreando con la harina y doblándola de 6-8 veces o hasta que la masa esté firme. Pásele el rodillo hasta que esté muy fina y córtela en cuadritos de 2" (5 cm).

Enrolle los cuadritos en un tubo de cannoli o en una varilla.

Caliente el aceite a 375°F (190°C). Fría el cannoli hasta que esté tostadito, sáquelo del aceite, escúrralo en papel absorbente y póngalo a enfriar a temperatura ambiente.

En un tazón de mezclar, combine el azúcar, la vainilla, la ralladura de naranja, los trocitos de chocolate, los pistachos y el queso Mascarpone. Rellene los cannolis fríos con la mezcla de queso.

Con un cucharón, ponga una cantidad pequeña de Salsa de Café y Chocolate en un plato de servir, coloque los cannolis sobre la salsa. Póngale un chorrito de crema batida a los cannollis, salpíquelos con las frambuesas y adórnelos con las hojas de menta. Sirva inmediatamente.

PARA 4 PORCIONES

Salsa de Café y Chocolate

Ingredientes:

1 taza	250 ml	agua hirviendo
2 cdtas	10 ml	cristales de café instantáneo
2 cdas	30 ml	azúcar
4	4	yemas de huevo
⅓ taza	80 ml	crema de batir
1½ cdta	8 ml	maicena
2 cdas	30 ml	leche
2 oz	60 g	trocitos de chocolate

Preparación:

Disuelva los cristales de café instantáneo en el agua hirviendo. Póngala en una cacerola doble. Agregue el azúcar y revuélvala hasta que se disuelva. Incorpore batiendo las yemas de huevo, una por una. Agregue la crema y cocine por 2 minutos.

Mezcle la maicena en la leche. Agréguela a la salsa junto con el chocolate. Cocine suavemente hasta que salsa se espese. Quítela del fuego. Usela como desee.

PRODUCE 2 tazas (500 ml)

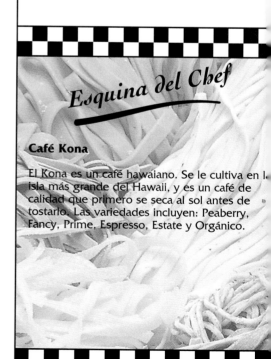

Esquina del Chef

Café Kona

El Kona es un café hawaiano. Se le cultiva en la isla más grande del Hawaii, y es un café de calidad que primero se seca al sol antes de tostarlo. Las variedades incluyen: Peaberry, Fancy, Prime, Espresso, Estate y Orgánico.

Orecchiettes
con Radicchio, Jamón y Crema

Ingredientes:

1 lb	454 g	Masa de Pasta de Harina de Maíz comercial o 1 tanto de nuestra receta (vea la página 114)
2 cdas	30 ml	mantequilla
4 oz	120 g	jamón en tiras finas
2 tazas	500 ml	crema espesa
1 taza	120 g	queso Parmesano recién rallado
2 cdtas	10 ml	pimienta negra triturada
2 tazas	160 g	radicchio en tiras finas

Preparación:

Para hacer orecchiettes (orejitas), divida la pasta en mitades. Pásele el rodillo para formar una cuerda larga y córtela en rueditas de $1/8$" (3 mm) de grosor. Espolvoree cada una con harina. Ponga una ruedita en la palma de su mano y hágale una depresión en el centro con el dedo. Repita hasta que complete todas las rueditas

En una olla grande de agua salada hirviendo, ponga las orecchiettes en el agua. Una vez que las orecchiettes floten en la superficie, cocínelas 3 minutos más. Póngalas en un plato de servir caliente.

Caliente la mantequilla en una sartén. Sofría el jamón por 1 minuto. Agregue la crema y reduzca en $1/3$. Incorpore el queso Parmesano y la pimienta. Póngala sobre las orecchiettes. Revuelva el radicchio. Ponga en platos y sirva.

PARA 4 PORCIONES

Fusili con Carne

Ingredientes:

3 cdas	45 ml	aceite de oliva
1 lb	454 g	lomito de res en cubitos de ½" (1,25 cm)
1	1	cebolla en rodajas
¼ taza	35 g	pimientos dulces verdes, en cubitos finos
¼ taza	35 g	pimientos dulces rojos, en cubitos finos
1	1	tallos de apio, en cubitos finos
4 oz	120 g	champiñones de botón
1 cdta	5 ml	paprika húngara molida
½ cdta	3 ml	hojas de tomillo seco
½ cdta	3 ml	hojas de albahaca seca
½ cdta	3 ml	hojas de orégano seco
½ cdta	3 ml	sal
½ cdta	3 ml	pimienta triturada
1 cdta	5 ml	salsa inglesa
¼ taza	60 ml	Jerez
3 tazas	750 ml	Salsa Marinara
1 lb	454 g	fideos de fusili

Preparación:

Caliente el aceite en una sartén grande. Dore el lomito. Agregue la cebolla, los pimientos dulces, el apio y los champiñones y sofría hasta que se ablanden. Salpique con los condimentos.

Agregue la salsa inglesa, el Jerez y la Salsa Marinara. Reduzca la temperatura y cocine a fuego lento 15 minutos.

En una olla grande de agua salada hirviendo, ponga a cocer la pasta "al dente". Escúrrala y ponga los fusilis en platos de servir. Con un cucharón, ponga buenas cantidades de la salsa de carne sobre los fideos fusili. Sirva.

PARA 6 PORCIONES

Salsa Marinara

Ingredientes:

3	3	chiles cascabel rojos
⅓ taza	80 ml	aceitunas negras picadas
2 cdas	30 ml	alcaparras
⅓ taza	80 ml	aceite de oliva
1	1	cebolla en cubitos finos
2	2	dientes de ajo, picados fino
1½ lb	675 g	tomates pelados sin semillas, picados
2 cdtas	10 ml	hojas de orégano

Preparación:

Sáquele las semillas a los chiles y córtelos en cubitos, luego mézclelos con las aceitunas, las alcaparras y la mitad del aceite. Ponga a marinar por 1 hora.

Caliente el resto del aceite en una cacerola. Sofría la cebolla y el ajo hasta que se ablanden.

Escurra la salsa de marinar y mézclela con la cebolla. Agregue los tomates y el orégano. Reduzca la temperatura a medio. Cocine hasta que la salsa se espese. Sírvala sobre la pasta.

PRODUCE 3 tazas (750 ml)

Esquina del Chef

Champiñones de Botón

Los champiñones de botón o cabecita son los champiñones más comunes y más cultivados en todo el mundo. Generalmente se venden frescos en la sección de verduras de su tienda de comestibles. Busque los champiñones con la cabecita en forma de botón. Su nombre correcto es "Agaricus bisporus". Pero es mucho más fácil recordar "champiñones de botón".

Carne con Champiñones Chino

Ingredientes:

½ lb	225 g	filete de costado
3 cdas	45 ml	aceite de cacahuate
½ cdta	3 ml	bicarbonato de sodio
2	2	dientes de ajo picados fino
2 cdtas	10 ml	azúcar granulada
1 cdta	5 ml	sal
3 cdas	45 ml	salsa de soya liviana
2 cdas	30 ml	vino blanco
6	6	champiñones chinos secos, remojados 1 hr. en agua tibia
¾ lb	340 g	Masa de Pasta de Huevo comercial o 1 tanto de nuestra receta (vea la página 122)

Salsa:

2 cdas	30 ml	salsa de soya oscura
2 cdas	30 ml	Jerez
1	1	diente de ajo picado fino
1 cdta	5 ml	jengibre picado fino
4 cdas	60 ml	salsa de ostras
1 cdta	5 ml	maicena
1 cda	15 ml	agua
		tomates en rodajas para adornar

Preparación:

Quítele toda la grasa a la carne y córtela en tiras finas. Combine 1 cda (15 ml) de aceite, el bicarbonato de sodio, el ajo, el azúcar, la sal, la salsa liviana de soya y el vino blanco. Corte el filete en rodajas finas y póngalas en un tazón de mezclar. Póngales encima la salsa de marinar y déjelas por 20 minutos. Escurra la carne.

Escurra y corte en rodajas los champiñones.

Mezcle la salsa oscura de soya, el Jerez, el ajo, el jengibre y la salsa de ostras.

Ponga a cocer los fideos en agua salada hirviendo, escúrralos y apártelos.

Caliente el aceite restante en un wok. Fría rápidamente la carne, agregue los champiñones y continúe cocinando por 3 minutos. Agregue los fideos y continúe cocinando por 2 minutos. Incorpore la salsa y cocine 1 minuto más. Mezcle la maicena con el agua y agréguela a los fideos. Reduzca la temperatura y cocine a fuego lento hasta que se espese. Sirva adornando con los tomates.

182

PARA 4 PORCIONES

Macarrones con Carne

Ingredientes:

2 cdas	30 ml	aceite de girasol
1 lb	454 g	carne magra de res cortada en cubitos de 1" (2,5 cm)
½	0,5	cebolla grande picada
2	2	zanahorias en cubitos gruesos
1	1	tallo de apio en cubitos gruesos
1	1	pimiento dulce rojo cortado en tiras de ½" (1,25 cm)
8 oz	225 g	champiñones pequeños de botón, limpiados con cepillo
1 taza	235 g	tomates cocidos
1 taza	250 ml	vino tinto
1	1	hoja de laurel
1 cda	15 ml	tomillo fresco
1 cdta	5 ml	salsa inglesa
2 cdas	30 ml	salsa de soya oscura
2 cdas	30 ml	pasta de tomate
¼ taza	15 g	perejil fresco picado
¼ cdta	1 ml	escamitas de chile rojo
8 oz	225 g	macarrones de coditos, fideos penne, ziti o radiatore pequeños
½ cdta	3 ml	sal
¼ cdta	1 ml	pimienta negra
1 taza	135 g	chícharos congelados, descongelados

Preparación:

Caliente el aceite en una olla grande y pesada, agregue la carne y fríala hasta que se dore bien. Agregue la cebolla, las zanahorias, el apio, el chile rojo, los champiñones, los tomates, el vino, la hoja de laurel, el tomillo, la salsa inglesa, la salsa de soya, la pasta de tomate, el perejil y las escamitas de chile rojo. Ponga una tapa y cocine a fuego lento a temperatura baja por 1½ hora, revolviendo ocasionalmente.

Prepare la pasta de acuerdo a las instrucciones en el paquete. Escúrrala y agréguela al guiso. Incorpore la sal y la pimienta, tape y cocine 10 minutos más, revolviendo de vez en cuando. Agregue los chícharos y revuélvalos para que se mezclen. Sirva caliente.

PARA 6 PORCIONES

Carne y Tomate con Fideos Orientale

Ingredientes:

½ cdta	3 ml	bicarbonato de sodio
3 cdas	45 ml	aceite de cacahuate
2	2	dientes de ajo picados fino
2 cdtas	10 ml	azúcar
1 cdta	5 ml	sal
3 cdas	45 ml	salsa de soya
2 cdas	30 ml	Jerez
1 lb	454 g	filete de costado
4 oz	120 g	champiñones de botón
1	1	cebolla mediana en rodajas
1 taza	165 g	tomates pelados, sin semillas, picados
1 cdta	5 ml	maicena
1 cda	15 ml	agua
12 oz	345 g	fideos chinos

Preparación:

Combine el bicarbonato de sodio con 1 cda (15 ml) de aceite, el ajo, el azúcar, la sal, la salsa de soya y el Jerez. Corte el filete en rodajas finas y póngalas en un tazón de mezclar grande. Póngale la salsa de marinar a la carne y déjela marinando por 20 minutos.

Caliente el aceite restante en un wok o una sartén grande. Escurra la carne y conserve la salsa de marinar. Fría la carne, los champiñones y la cebolla por 3 minutos. Agregue la salsa de marinar que se apartó y los tomates. Reduzca la temperatura y cocine a fuego lento por 1 minuto. Mezcle la maicena con el agua y agréguela a la carne. Cocine a fuego lento hasta que la salsa se espese.

Mientras la carne se cocina, ponga a cocer los fideos en una olla grande de agua salada hirviendo. Escúrralos y páselos a un platón grande. Ponga la carne sobre los fideos y sirva.

PARA 6 PORCIONES

Acerca del Autor

El Sr. Kaleniuk, conocido afectuosamente como Chef K (por aquellos que no pueden pronunciar su apellido), empezó su carrera culinaria en Jasper, Alberta, Canadá, en 1973, en el mundialmente famoso Jasper Park Lodge. Desde entonces, ha ocupado el cargo de Jefe de Cocina en muchos de los mejores restaurantes y hoteles en todo Canadá.

Ron ha sido propietario y director de varios restaurantes galardonados a nivel nacional. Es maestro y asesor en la industria hostelera, además de ser presidente del Instituto Norteamericano de la Cocina Moderna Inc.

Como autor, él se expresa con una aptitud especial única y creadora en todos los aspectos de la gastronomía. Ya sea en cocina clásica, en la familiar tradicional, o en las tendencias modernas, él presenta cada estilo en forma sencilla y de fácil preparación. Este libro es algo más que una recopilación de recetas, es una colección de recetas prácticas que se convertirán en las favoritas, tanto para la ama de casa como para el chef profesional.

Con el Libro de Recetas Originales de Pizza y Pasta, la carrera como escritor del Sr. Kalenuik incluye a la fecha 10 libros más. Sus éxitos de venta a nivel internacional de la serie Simply Delicious Cooking (Cocina Simplemente Deliciosa), han vendido más de 2,5 millones de copias en todo el mundo. Sus otros libros incluyen, International Family Favorites (que se encuentra en Español como Recetas Internacionales Familiares Favoritas), The Fundamentals of Taste, Cuisine Extraordinaire, Dining In, Championship Cooking, Chef K's Cheese Best y The Right Spice.

Unas Palabras del Autor

pasión por cocinar que tienen muchas personas es profunda, ya sea que esas personas estén
resadas en las últimas innovaciones o en simplemente preparar lo que su madre siempre
paraba. Las personas se aferran a lo que saben que les da buenos resultados. Esta es la razón
la que la serie *Simply Delicious Cooking* es tan importante para más de 2.500.00 personas. Estos
libros de cocina a los que ellos saben que se pueden aferrar y confiar para tener éxito en sus
nas. Ahora usted también puede disfrutar de esa confianza con el *Libro de Recetas Originales*
izza y Pasta*.

mayoría de las personas desean lo mejor para sus familias y lo merecen. Esta es la razón por
ual ahora les traemos este *Libro de Recetas Originales de Pizza y Pasta*, lo mejor en recetas
rillas y deliciosas. No importa donde usted viva, estas recetas con seguridad le van a brindar
familia lo que usted exactamente desea para ellos: verdaderamente lo mejor.

mejores cocineros son aquellos que siempre están buscando inspiración, buscando como
zar lo viejo con lo nuevo para que la creatividad se manifieste. En el *Libro de Recetas Originales*
izza y Pasta*, la creatividad está definida y perfeccionada. No hay ninguna receta que sea muy
il o muy extraña para que alguien la evite. Cada receta tiene el sabor de "un bocadito más",
ndo al invitado con el deseo inmenso de ser nuevamente llamado a sentarse a la mesa.

gún cocinero puede resistirse a la tentación de sus recetas favoritas; yo tampoco puedo. Les
o creaciones culinarias que han ganado premios y alabanzas, tanto de amigos como de
cos. Yo les he dado algo más que sólo años de experiencia en cocina, les he dado los sabores
s sueños culinarios. Espero que ustedes vivan ese sueño conmigo.

de la publicación de mi primer éxito de venta internacional, mi libro de cocina *Los Placeres de*
uena Mesa*, me he enterado que mis lectores buscaban más cocina internacional. Hemos
ondido a ese llamado, en estas páginas ustedes van a encontrar recetas de las cocinas desde
ca hasta Asia, de Nueva Zelandia a Newfoundland, Canadá, de los Estados Unidos a Gran
aña, y los puntos intermedios.

este *Libro de Recetas Originales de Pizza y Pasta*, buscamos brindarle años de alegría en la
aración de comidas. Después de todo, la comida debe dar placer tanto al prepararla como en
irla. Aquí hemos logrado eso. En el sabor participan todos los sentidos, no solamente la boca;
s los sentidos trabajan juntos para su disfrute. Para hacer mejor uso del sabor uno tiene que
rporar la vista, el tacto, el olfato, el oído, y el gusto para obtener el sabor. Aquí yo he logrado
para ustedes, nuestras fotografías son sólo la introducción a los sabores que siguen. Son los
emeses para los ojos.

bro luce como un lindo volumen para tenerlo en la mesa del centro de su sala, para admirarlo
ostrarlo a sus amigos. Sin embargo, aunque es muy bello, su lugar es la cocina, donde se
entran sus utensilios más confiables para cocinar. Abra sus páginas para encontrar un nuevo
do de delicias internacionales que puede cambiar su mundo de habilidades culinarias, para
pre.

Ron Kalenuik, Chef K

Indice

Acerca el Autor 188

Contenido 3

Créditos 2

Página del Título 1

Pizza

Calzone de Pollo con Papas 36

Foccacia de Albahaca
y Pimientos 34

Glass de Manzana 46

Masa Básica de Pizza 6

Masa de Ajo y Parmesano 36

Masa de Hierbas 38

Masa de Trigo Integral 18

Masa Dulce 42

Masa Gourmet 20

Pizza con Huevos Benedict 16

Pizza de Alitas de Pollo
Buffalo 38

Pizza de Arándanos y 7-UP 48

Pizza de Camarón Asado con
Pesto de Pimiento
Dulce Rojo 18

Pizza de Camino Rocoso 50

Pizza de Cangrejo y Verduras de
Vancouver 14

Pizza de Crema de Menta y
Kahlúa 40

Pizza de Galletas y Crema 42

Pizza de Honolulu . . . .

Pizza de las Islas Griegas . . .

Pizza de Mantequilla de
Cacahuate . . . .

Pizza de Melocotón Melba . .

Pizza de Palm Springs . . . . .

Pizza de Pollo a la Barbacoa

Pizza de Rodajas de Plátano

Pizza de Salsa de Manzana .

Pizza de San Diego . . . .

Pizza de Tarta de Mantequilla

Pizza Jamaiquina de Pollo . .

Pizza Milanesa . . . .

Pizza Montaña de Chocolate

Pizza Siciliana . . . .

Pizza Tucson . . . .

Salsa Béarnaise . . . .

Salsa de Pizza . . . .

Salsa Diego . . . .

Salsa Mornay . . . .

Sfinciuni - Pizza de Relleno
Doble . . . .

Sueño de Mariscos . . . .

Pasta

Ailloli . . . .

Caldo de Pollo . . . .

Indice

Camarón Negro con Lingüini de
Pimienta Negra 74

Canelones con Ternera en Salsa
Shiitake 94

Canelones con Verduras 100

Capellinis de Camarón 172

Carne con Champiñones
Chinos 182

Carne y Tomate con Fideos
Orientales 186

Conchas Rellenas de Nueva
Orleáns 70

Ensalada César Española 130

Ensalada de Cous Cous y
Calabacín Italiano 140

Ensalada de Verduras de Rotini
con Rapini 144

Ensalada Veraniega de Pasta
Picante 138

Espagueti a la Granseola 78

Espagueti al Estilo del Chef K . .86

Espagueti con Carne,
Champiñones y Vino 106

Expresso Cannoli 176

Fettucini con Champiñones,
Camarón, Aceite de Oliva,
Ajo, y Hierbas Frescas 112

Fettucini de Jambalaya
de Pollo 120

Fettucini de Pollo Mandarín . .156

Fettucini de Ternera al Curry . .142

Fetuccini a la Dianna 106

Fideos con Brócoli Picantes . . .122

Fideos Penne a la Arrabiate . . .164

Fideos Penne a la Rosanne 168

Fideos Tailandeses 166

Filete Stroganoff con Fideos . . .148

Fusili con Carne 180

Garam Masala 152

Hinojo y Salchicha Italiana,
Prosciutto y Orzo 134

Langosta Mafalda 72

Lasaña de Calabacín Italiano con
Cinco Quesos 66

Lasaña de Mariscos
con Verduras 132

Lasaña de Queso de Dieta 160

Lingüini con Pesto de Ajo y
Cilantro 102

Lingüini de Alforfón con
Velouté de Cheddar 150

Lingüini de Mariscos Cajun . . .128

Lingüini de Mariscos con Pesto de
Pimientos Dulces
Rojos Asados 64

Lingüini de Pollo con
Champiñones y Tomillo 82

Lingüini Romano 110

Lo Mein de Camarón
y Langosta 108

Macarrones con Carne 184

Manicottis de Ostras
Rockefeller 130

Manicottis de Pollo 136

Masa de Pasta Básica 78

Indice

Niçoise de Salmón y Rotini . . .168

Ñoquis de California 170

Ñoquis de Queso Triple 118

Orecchietes a la Toronto 156

Orecchiettes con Radicchio,
   Jamón y Crema 178

Orecchiettes en Crema
   de Tomate 114

Orzo con Mariscos 96

Pappardelle a la Pamela 88

Pasta con Camarón Picante
   de California 92

Pasta de Alforfón 150

Pasta de Cilantro 102

Pasta de Harina de Maíz 114

Pasta de Huevo 122

Pasta de Pimienta de Limón . . .90

Pasta de Pimienta Negra
   Triturada 74

Pasta Verde 110

Pimientos Dulces Amarillos
   al Horno con Orzo 126

Placer de Pasta con Pollo y
   Orégano 146

Pollo con Fideos y Champiñones
   con Garam Masala 152

Pollo Picante Oriental 104

Radiatore Mediterráneo 62

Raviolis Gigantes con Ternera
   y Salsa de Albahaca 124

Rigatoni de Albahaca con Cuatro
   Quesos 158

Salsa Creole 70

Salsa de Café y Chocolate 176

Salsa Marinara 180

Salsa Mornay de
   Champiñones 118

Salsa de Tomate 126

Salsa de Trocitos de Tomate . . .160

Soong de Carne de Cerdo 76

Tagliatelle de Champiñones y
   Verduras 98

Tazones de Tortilla con
   Fideos Penne 68

Tortellini de Caracoles
   con Nueces 162

Tortellini de Pavo 116

Trumpetti Campanola 90

Vermicelli con Cerdo
   y Camarón 84

Vongolé de Fettucini 2 154

Wong Doble de Pollo
   con Marañón 174

Wong Doble de Vieiras
   y Camarón 80